Detlef Müller-Böling

Die entfesselte Hochschule

Verlag Bertelsmann Stiftung
Gütersloh 2000

Inhalt

Vorwort

Im September 1993 saß ich in Gütersloh Reinhard Mohn gegenüber, der mich bat: »Machen Sie das?« *Das* betraf Aufbau und Leitung des CHE Centrum für Hochschulentwicklung. Ich übernahm die Aufgabe, genau wie vier Jahre zuvor, als ein Kollege mich fragte: »Machen Sie das?« Damals ging es um das Amt des Rektors der Universität Dortmund.

In Dortmund hatte ich einige überschaubare hochschulinterne Reformen auf den Weg gebracht, musste aber immer wieder feststellen, dass ich angesichts der Herausforderungen, vor denen die deutsche Universität steht, nur an der Oberfläche kratzen konnte. Die Gesetzeslage, ausgeprägte Besitzstandsinteressen und eingefahrenes Denken bei Politikern wie bei Ministerialbeamten, bei Professoren wie bei Studenten behinderten durchgreifende Veränderungen. Denn die Hochschulen in Deutschland sind in ein Geflecht von staatlichen Regulierungen, hochschulpolitischen Denkblockaden und innerer Entscheidungsohnmacht eingebunden, die sie bis zur Bewegungsunfähigkeit einschnüren. Man muss sich nicht gleich den (deutschen!) Leitspruch der Stanford University »Die Luft der Freiheit weht« zum Vorbild nehmen, aber in jedem Fall ist eine Entfesselung der deutschen Hochschule notwendig, will sie wieder kreativ, initiativ und resonanzstark unsere Gesellschaft der Zukunft mitgestalten.

Es ist nicht zu verkennen, dass seit einigen Jahren etliches an Reformen auf den Weg gekommen ist: Haushalte werden flexibilisiert, Dekane werden »gestärkt«, Hochschulräte werden eingeführt, Studienzeiten verkürzt, Lehrpläne internationalisiert, neue Medien in der Lehre eingesetzt. Glaubt man der jeweils aktuellen hochschulpolitischen Diskussion, dann ist die gerade anstehende Einzelmaßnahme jeweils der Schlüssel für die Reform (bei den Gegnern im übrigen jeweils der endgültige Untergang der deutschen Universität). Die Vorstellung von der Allmacht eines dergestalt isolierten politischen Entscheidungsaktes, vom Zahnrad, das alle anderen Räder in Drehung bringt, ist jedoch ein Trugschluss: Alle einzelnen Zahnräder müssen aufeinander abgestimmt in Bewegung gebracht werden.

Was mich nach zehn Jahren als Hochschulmanager und Hochschulberater zu diesem Buch motiviert hat, ist das nachhaltige Bewusstsein, dass ein Gesamtkonzept für ein neues Hochschulsystem in Deutschland gefragt ist. In diesem Band soll es skizziert werden. Auch wenn die Einzelelemente wiederum nur partiell dargestellt werden können, muss bereits hier nachdrücklich betont werden, dass erst das Zusammenspiel die erhoffte Wirkung zeigen wird. Globalhaushalte brauchen entscheidungsbefähigte Dekane;

diese gibt es nur mit einem unabhängigen Rektorat, das durch einen Hochschulrat begleitet wird. Für die Intensivierung der Internationalität reichen nicht nur Bachelor- und Master-Studiengänge aus; eine neue strategische Orientierung, Profilbildung ist dazu vonnöten; aber die ist nur mit größerer korporativer Autonomie zu erzielen. Und der Übergang zur virtuellen Hochschule wird nur dann gelingen, wenn Medienentwicklung und Medieneinsatz zu einem integralen Bestandteil einer umfassenden Hochschulstrategie werden, wie umgekehrt die ökonomischen Effekte des Medieneinsatzes nur dann eintreten, wenn wirtschaftliches Denken in den Hochschulen kein Fremdwort bleibt.

Die Querverbindungen sind also zahlreich, und auf sie kommt es letztlich an. Im Text wird durch verschiedene Piktogramme auf die integrative Verbindung zu anderen Elementen hingewiesen. Alle Forderungen aber laufen auf eine Entfesselung aus den verschiedensten Umarmungen hinaus, die die Hochschulen derzeit noch ersticken.

Selbstverständlich sind die Gedanken, Ideen und Konzepte nicht alle in meinem Kopf entstanden, sondern resultieren aus einer Vielzahl von Gesprächen und Diskussionen mit Wissenschaftlern, Studenten, Politikern, Ministerialbeamten aus Deutschland und aller Welt. Ihnen allen gebührt mein Dank. Besonders verbunden bin ich jedoch dem Präsidium der Hochschulrektorenkonferenz, namentlich Hans-Uwe Erichsen und Klaus Landfried. Ohne ihre anregende und schützende Wacht hätte sich das CHE nicht zu der Denkfabrik entwickeln können, die derart entfesselte Modelle zu entwerfen in der Lage ist. Diese Denkfabrik umfasst dank der Bertelsmann Stiftung mittlerweile über 20 Mitarbeiter, die als Team maßgeblich die Inhalte dieses Buches mitgestaltet haben. Bekanntlich liegt Teamarbeit dann in optimaler Form vor, wenn man eine Idee nicht mehr einem einzelnen Mitglied zuordnen kann. Das ist hier eindeutig der Fall. Allerdings verdient Tilman Küchler für die Mitwirkung bei der Endfassung des Werkes eine herausgehobene Erwähnung.

Bei allem Dank und Zuordnung auf andere verantworte ich selbstredend jedes Wort selbst.

Gütersloh, Januar 2000 Detlef Müller-Böling

Kapitel I

Von der Gelehrtenrepublik zum Dienstleistungsunternehmen?

Von der Gelehrtenrepublik zum Dienstleistungsunternehmen?

»verrottete« Hochschulen im Koma

Seit mehr als zwanzig Jahren gibt es eine intensive Diskussion über das deutsche Hochschulwesen, mit immer wieder scheinbar neuen Rezepten, die die kranken und angeblich »verrotteten« Hochschulen aus ihrem Koma befreien sollen. Doch lange schien es, als habe das Koma, in dem der Kranke lag, »längst auch die Ärzte erfasst« (Jürgen Mittelstraß). Reformappelle, die an der Trägheit der Politiker wie der Institutionen abprallten und ins Leere liefen, und attentistisches Durchwurschteln prägten den hochschulpolitischen Alltag, gelegentlich nur unterbrochen von eher hektischem und orientierungslosem »Gesetzeln« und Verordnen. Dann aber wurde wild gekocht mit einzelnen Zutaten, die immer Neues versprachen; aber heraus kam dann doch nur allzu oft ein eher populistischer Brei. Und statt *nouvelle cuisine* wurde serviert, was Großmutter schon kannte: ein einziger Gang aus Zeiten, als Schmalhans

Küchenmeister war; ein Menü als Gesamtkunstwerk war jedenfalls nicht in Sicht.

Hochschulpolitik mit neuem Schwung

Und dennoch: In die Hochschulpolitik ist seit einiger Zeit wieder Bewegung gekommen. An vielen Orten herrscht inzwischen Aufbruchstimmung, in den Hochschulen wie auch in manchen Ländern, die sich aus jenem hochschulpolitischen Gleichschritt zu lösen beginnen, der von der KMK getaktet wird. Und das Bemerkenswerte dabei ist: Zum ersten Mal seit einigen Jahren scheint sich die Erkenntnis durchzusetzen: Die Reform des Hochschulsystems muss von einem ganzheitlichen Ansatz ausgehen; sie darf sich nicht in Einzelmaßnahmen erschöpfen, sondern muss die Interdependenzen der verschiedenen Ebenen und das Ineinandergreifen von Reformbereichen in ihr Blickfeld nehmen.

Für ein neues Leitbild der Hochschulentwicklung

Dies aber macht ein übergreifendes Leitbild der Hochschulentwicklung erforderlich, eine Vision und ein Zielsystem, das den Reformbemühungen eine Richtung und ein gewisses Maß an Kohärenz verleiht. Ein derartiges Leitbild aber fehlte den verschiedenen Reformversuchen der vergangenen Jahre. Und dass es bislang mit der Vision nicht klappte, lag vor allem an den unterschiedlichen Vorstellungsstereotypen, die über die Hochschulen bestehen und die als implizite Denkmodelle jeden Diskutanten und den Ausgangspunkt seiner Argumentation bestimmen. Diese Denkmodelle bleiben jeweils unausgesprochen und werden nicht hinterfragt. Daher verwundert es nicht, dass je nachdem, für welches Bild von Hochschule man sich gerade entscheidet, ganz unterschiedliche Gremien und Entscheidungsstrukturen, andersartige Finanzierungsformen und konträre Qualitätsvorstellungen diskutiert und empfohlen werden. Auch führen diese Bilder zu ganz verschiedenen

Lösungen dafür, wie mit der unbestrittenen Überlast umzugehen ist. Folglich hat man untereinander ganz erhebliche Verständigungsschwierigkeiten.

Sinnvoll ist daher, die vorherrschenden Bilder von der Hochschule herauszuarbeiten. Vier Modelle der deutschen Hochschule sind – in idealtypischer Beschreibung – auszumachen.

Hochschulen als Vorstellungsstereotypen

Die Gelehrtenrepublik

Hochschule als Lebensraum

Die Gelehrtenrepublik sieht die Hochschule als Ort ausgewiesener Forscher, die in akademischer Freiheit interessante und ggf. auch gesellschaftlich relevante Fragestellungen aufgreifen und sie bearbeiten. Erkenntnisse und Methodik geben sie an Studenten in einem eher unstrukturierten Kommunikationsprozess weiter. In der Forschung wie in der Lehre sind diese Gelehrten hoch intrinsisch motiviert. Das Gleiche wird von den Studenten angenommen. Die Gelehrten zumindest bedürfen von daher keiner Kontrolle. Die Hochschule ist in diesem Modell Lebensraum für Lehrende und Lernende. Berufs- und Privatleben verschmelzen miteinander, bei den Gelehrten wie bei den Studenten.

Entscheidungsstrukturen

Forschung und Lehre sind außerordentlich selbständig. Sie bedürfen innerhalb der Hochschule lediglich hinsichtlich der fachbezogenen Kriterien der Koordination. Die Gremien (Fakultätsrat oder Senat) sind daher nach Fachdisziplinen besetzt, wobei die Fächer einzig durch Professoren aufgrund des nur bei ihnen vorliegenden Fachverstandes repräsentiert werden können.

Finanzierung Die Finanzierung der Gelehrtenrepublik erfolgt nach dem Alimentationsprinzip. Die Gelehrten formulieren ihre Forderungen nach Finanzmitteln, die von der Gesellschaft erfüllt werden müssen. Dass sie mit diesen Mitteln – im produktiven Sinne – »verschwenderisch« umgehen können, ist für ihr wissenschaftliches Selbstverständnis wesentlich. Denn weder die Forschungsgebiete noch die Ansprüche der Gelehrten sind hinterfragbar. Niemand ist in der Lage, die Anforderungen sachgerecht zu beurteilen.

Leistung und Qualität Die Leistung der Hochschule in Forschung und Lehre ist ein öffentliches Gut, das keiner Kosten- und Preisdiskussion unterliegen kann. Die Quantität der Forschung wird nicht gesteuert, da Kreativität nicht produzierbar ist. Die Qualität wird dagegen in einem expertengesteuerten Wettbewerb bestimmt. In der Lehre wird Qualität in erster Linie an der Verwendungsfähigkeit der Absolventen in der Wissenschaft beurteilt. Kontakte oder Rückkopplungen zum übrigen Arbeitsmarkt sind bei den Gelehrten individuell und eher zufällig, in keinem Fall jedoch organisiert.

Überlast Ein Abbau der Überlast kann in der Gelehrtenrepublik nur mit zusätzlichen Mitteln für die Hochschulen erfolgen, damit dort die forschungsbezogene Lehre in kleinen Arbeitsgruppen fortgeführt werden kann. Gefordert wird zudem ein Ausbau der Fachhochschulen zur Aufnahme der andersqualifizierten Abiturienten.

Die nachgeordnete Behörde

Völlig andere Implikationen hat das Modell der Hochschule als nachgeordnete Behörde. Hier werden Universitäten und Fachhochschulen als staatliche Einrichtungen behandelt, als

Teilmenge des öffentlichen Dienstes. Folglich unterliegen auch Hochschulen den Prinzipien der staatlichen Steuerung im Haushaltsrecht, im Dienstrecht oder in der Besoldung. Auch auf sie finden die staatlichen Steuerungsinstrumente – Gesetze, Verordnungen und Erlasse – Anwendung mit mehr oder weniger detaillierten Vorgaben bzw. Eckwerten. Und da gegenüber den Hochschulen ein gewisses Maß an Misstrauen besteht – vom »offensichtlichen Versagen« der Gelehrten ist die Rede –, müssen diese Instrumente verstärkt eingesetzt werden. Ansonsten, so wird befürchtet, läuft die Sache aus dem Ruder.

Hochschulen als staatliche Einrichtungen

Aus demselben Grund sind auch akademische Gremien und Entscheidungsstrukturen von eher nachgeordneter Bedeutung. Was in den akademischen Gremien geschieht, ist eine Sache; eine andere, viel wichtigere ist eine voll ausgebaute Zentralverwaltung, welche die Einhaltung der rechtlichen Regelungen überwacht und als Arbeitspartner der Ministerialverwaltung zur Verfügung steht.

Entscheidungsstrukturen

Die Finanzierung erfolgt im Rahmen staatlicher Haushalte, die ursprünglich auf der Basis von definierten Anforderungen ermittelt wurden, dann aber lediglich »überrollt« werden. Federführend ist dabei nicht mehr das Wissenschaftsministerium, sondern die Finanzministerialbürokratie, welche die Finanzierung der Hochschulen nach Kassenlage vornimmt; Sacherfordernisse spielen angesichts der geringen Haushaltsspielräume nur noch eine untergeordnete Rolle. Auf nicht unerhebliche Skepsis trifft die Forderung nach Finanzautonomie für die Hochschulen. Hier beschleicht den Ministerialen ein unangenehmes Gefühl: Soll der Staat etwa nur noch zahlen dürfen, bei Entscheidungen über den Mitteleinsatz aber schweigen müssen? Das wird als unanständig empfunden, als ungebührliche

Finanzierung

Umkehrung des Verhältnisses zwischen Zentrale und nachgeordneter Behörde.

Leistung und Qualität

Qualitätsbeurteilung erfolgt in der nachgeordneten Behörde lediglich auf der Basis des Inputs im Rahmen von Zuweisungen. Zugewiesen werden Studenten mit Hilfe einer Kapazitätsverordnung oder Sach- und Personalmittel im Rahmen eines Haushaltes. Eine Ergebnis- oder Output-Betrachtung erfolgt nicht. Allerdings wird noch der regelgerechte Ablauf der Prozesse kontrolliert. Dabei zählt nicht das Ergebnis, sondern der ordnungsgemäße Weg dahin. Die Einhaltung der Regel wird zum Ziel. Fehler sind Rechtsverstöße und folglich nicht erlaubt. Leistung gilt als erbracht und Qualität als erreicht, wenn es keine Beanstandung durch den Rechnungshof gibt.

Überlast

Die Lösung der Überlast ist in der Logik der nachgeordneten Behörde in erster Linie ein Problem der Kapazitätsverordnung. Je nach Möglichkeit der verfügbaren Finanzmittel muss eine höhere oder geringere Überlast in Kauf genommen werden, inklusive der daran gekoppelten Stellensperren. Varianten sind das Lehrdeputat, das festgesetzt werden kann, oder die Delegation der Verantwortung auf den Dekan mit einer Amtszeit von vier Jahren als organisatorisch-dekretische Lösung.

Die Gruppenhochschule

Hochschule als Ort von Interessengegensätzen

Das Gruppenmodell sieht die Hochschule dagegen als Ort der Interessengegensätze, die mit Hilfe demokratischer Mechanismen ausgeglichen bzw. geschützt werden müssen. Dabei nimmt jede Gruppe für sich in Anspruch, dass sie aufgrund ihrer Gruppenzugehörigkeit die besseren Lösungskonzepte vertritt. Gefordert wird daher ein größeres Mitspracherecht in den Gremien oder eine höhere Parität. Die jeweiligen Interessen treten in den Entscheidungsprozessen wechselhaft als Wahl- oder Zielkoalition auf. Entscheidungsergebnisse sind daher häufig nur schwer vorhersehbar. Sie sind eher zufallsbedingt und folgen kaum einem Gesamtinteresse.

Entscheidungsstrukturen

Bei der Finanzierung fragt jede Gruppe nach dem gruppenbezogenen Nutzen etwa hinsichtlich der Arbeitsplatzsicherheit für wissenschaftliche oder nichtwissenschaftliche Mitarbeiter oder des Stundenentgelts für studentische Hilfskräfte. Dazu kommt die Forderung nach Finanzierung der Organisation, die hinter der Interessenvertretung steht. Gemeinsame Ziele bilden sich nicht heraus, und aufs Ganze bezogene Strategien werden nur selten verfolgt.

Finanzierung

Die Gruppensicht bestimmt denn auch die Erwartung an die Leistung der Hochschule. Dabei öffnet sich eine erhebliche Bandbreite. Die Studenten wollen z. B. ein Examen, das beste Eintrittschancen in den Beruf ermöglicht. Die Wissenschaftler streben nach individueller oder gesellschaftlicher Wissensbereicherung oder nach Reputation in Forschung und Lehre als Basis für ihre berufliche und wissenschaftliche Karriere. Die Fraueninteressenvertreter oder gesellschaftlichen Minderheitenvertreter erstreben die Veränderung der Gesellschaft, wobei der Hochschule eine Vorreiterrolle zugemessen wird.

Leistung und Qualität

Die Gruppensicht ermöglicht jeweils unter Ausschluss der eigenen Gruppe die Lösung der Überlast durch die anderen. Professoren halten die Studenten für zu faul, schlecht vorgebildet sowie freizeit- und konsumorientiert. Die Studenten sehen in der schlechten Organisation, der Abwesenheit der Professoren und ihrer Forschungsorientierung den Grund für Missstände und die drückende Überlast.

Überlast

Das Dienstleistungsunternehmen

Hochschule als Dienstleister

Als Alternative zur inzwischen schon etwas angestaubten Gruppenhochschule als 68er-Errungenschaft führen einige inzwischen die Hochschule als Dienstleistungsbetrieb ins Feld. Hier ist die Hochschule Produzent von Dienstleistungen im Bereich von Forschung und Lehre, von Transfer, Wirtschaftsförderung oder Kultur. Sie steht dabei in (internationaler) Konkurrenz zu anderen Hochschulen, Forschungseinrichtungen oder sonstigen Institutionen des tertiären Bereichs. Diese Konkurrenz muss die Hochschule mit einem effizienten, ressourcenschonenden Sach- und Personalmitteleinsatz zur Erreichung der Ziele bestehen.

Entscheidungsstrukturen

Die Gremien sind im Selbstverständnis dieses Modells zu verringern und Entscheidungsprozesse zu verkürzen, damit auf Anforderungen des »Marktes« (Arbeitsmarkt, Forschungsmarkt) möglichst rasch reagiert werden kann. Studienangebote und, darauf aufbauend, Fachbereiche und wissenschaftliche Einrichtungen sind autonom und flexibel einzurichten. Der Staat selbst darf nicht lenkend eingreifen, da in einem wettbewerblichen Modell bei aller Vorausplanung der Erfolg letztlich nur durch Versuch und Irrtum entschieden werden kann.

Finanzierung

Die Finanzierung der Hochschulen muss sich an den Marktleistungen orientieren. Nicht mehr die Ansprüche der Gelehrten oder die im Finanzhaushalt freizumachenden Mittel bestimmen die Finanzzuweisungen an die Hochschulen, sondern die Kosten für die erbrachten Leistungen bzw. der Preis, den die Gesellschaft oder das Individuum für die Leistung zu zahlen bereit ist.

In Forschung und Lehre werden erbrachte Leistungen beurteilt nach den Kosten, die sie verursachen (Input), sowie nach Qualität und Quantität der erbrachten Dienstleistungen (Output). Dies geschieht auf der Grundlage von Leistungsvergleichen anhand quantitativer Leistungsindikatoren und qualitativer Evaluationen. Dabei ist die Hochschule auf verschiedenen Dienstleistungsmärkten, d. h. Studiengängen bzw. Forschungsfeldern, aktiv und unterschiedlich erfolgreich. Sie wird daher die Studiengänge und Forschungsprogramme ihren Stärken oder Schwächen entsprechend aus- oder abbauen.

Leistung und Qualität

Die Lösung der Überlast schließlich ergibt sich einerseits aus der effizienteren Organisation des Hochschulbetriebs, andererseits aus dem nachfrageorientierten Mittelzufluss in Verbindung mit einer flexiblen Entscheidungsstruktur.

Überlast

Soweit die gängigen Vorstellungsstereotypen über das, was die Hochschulen sind oder sein sollen. Selbstverständlich gibt keines der vier genannten Modelle ein exaktes Bild der Realität in der deutschen Hochschullandschaft wieder. Komplizierter: Die deutsche Hochschule hat alle Elemente der unterschiedlichen Typen in sich, woraus sich ein in vielfacher Hinsicht dysfunktionales System und eine komplexe Gemengelage aus unterschiedlich angelegten und begründeten Entscheidungsstrukturen, Steuerungsinstrumenten, Handlungsträgern und Motivationslagen ergeben. Vor diesem Hintergrund ist es somit auch schwierig, die übergreifenden Sinn- und daraus abgeleitete Strukturfragen des Hochschulsystems in angemessener Weise zu beantworten.

Dysfunktionalitäten

Daher beschränkte sich die Hochschulpolitik bisher weitgehend darauf, aus den verschiedenen Modellen einzelne Elemente herauszugreifen, ohne auf den Gesamtzusammenhang Bezug zunehmen. Die Reformen bleiben bei Einzelmaßnahmen stehen: Studienzeiten sollen verkürzt, Dekane gestärkt, Gebühren für Langzeitstudierende einge-

ganzheitlicher Ansatz statt Einzelmaßnahmen

führt oder Haushalte flexibilisiert werden. Was diesen Maßnahmen jedoch fehlt, ist ein ganzheitlicher Ansatz, der Bezug zu einer Vision der künftigen Hochschule, zu einem Leitbild, welches das künftige Hochschulsystem beschreibt. Ein derartiger Bezug ist jedoch notwendig, um die einzelnen Maßnahmen und Schritte zu einem kohärenten und konsistenten Reformprogramm zusammenzufassen. Dieses wiederum muss darauf ausgerichtet sein, die Hochschulen in die Lage zu versetzen, die Herausforderungen, vor denen sie und die Gesellschaft stehen, erfolgreich zu bewältigen.

Die wissenschaftsbasierte Gesellschaft – Herausforderung an das Hochschulsystem

neuer Umgang mit Wissen

Die Herausforderungen liegen nicht so sehr im Übergang von der Industriegesellschaft in die Dienstleistungs- oder die Informationsgesellschaft. Vielmehr geht es um einen grundlegend neuen Umgang mit Wissen in unserer Gesellschaft. Denn während in früheren Jahrhunderten die persönliche oder die von anderen persönlich erlebte und dann weitergegebene Erfahrung leitend für berufliches, politisches und privates Handeln waren, so sind nunmehr wissenschaftliche Erkenntnis und Methodik in einem nie gekannten Ausmaß Grundlage unserer Entscheidungen. Kaum eine politische Entscheidung fällt heute ohne vielfältige wissenschaftliche Gutachten. Unternehmen analysieren mit wissenschaftlichen Methoden Verbraucherwünsche, Marktveränderungen und -trends. Arbeitsplätze werden nach wissenschaftlichen Erkenntnissen gestaltet. Aber auch unser persönliches, unser privates Handeln ist durch wissenschaftliche Expertise geprägt. Wer traut sich heute noch, einen Vertrag ohne juristischen Beirat abzuschließen? Früher genügten Vertrauen und ein Handschlag. Wer erklärt sich ohne ärztliche Konsultation für arbeitsfähig? Früher fällte diese Entscheidung die Großmutter. Wer kann noch einen Brief ohne Grundkenntnisse der Informationsverarbeitung erstellen? Zumindest wird die wissenschaftliche Expertise dann notwendig, wenn Rechner oder Drucker zusammengebrochen sind.

Generation und Transfer von Wissen

Dies alles zeigt: Wir leben in einer Gesellschaft, in der es im politischen, im beruflichen und im persönlichen Bereich in einem unglaublich gesteigerten Umfang auf die Erkenntnisse und Methoden der Wissenschaft ankommt. Wir leben in einer *wissenschaftsbasierten Gesellschaft*, in der die Produktion von Wissen und seine Weitergabe an die Gesellschaft und an die nächste Generation von eminenter Bedeutung sind. Das aber heißt: Wissensgeneration und Wissenstransfer entscheiden letztlich über die Fähigkeit einer Gesellschaft, in einem sich rasch verändernden Umfeld und einer unsicheren, von hoher Komplexität geprägten Zukunft erfolgreich zu bestehen.

Hochschulen in der wissenschaftsbasierten Gesellschaft

Eine wissenschaftsbasierte Gesellschaft wird allerdings nur so leistungs- und wettbewerbsfähig sein, wie es ihr Hochschulsystem, ausgelegt auf breite Schichten der Bevölkerung, erlaubt. Nicht mehr nur der Richter, der Arzt oder der höhere Verwaltungsbeamte, sondern auch der Verkäufer, der Mechaniker, der Landwirt oder der Ausübende eines Berufes, den wir heute noch gar nicht kennen – sie alle brauchen eine wissenschaftlich fundierte Ausbildung und einen sicheren Umgang mit wissenschaftlichem Wissen. Der Übergang zur wissenschaftsbasierten Gesellschaft stellt somit hohe Anforderungen an Qualität und Quantität der Hochschulbildung. Daher müssen auch die Inhalte und die Strukturen, in denen Hochschulbildung sich vollzieht, an veränderte Erwartungen, Ansprüche und Anforderungen der Gesellschaft angepasst werden. Ohne eine deutlichere Differenzierung im Hochschulsystem und ohne erweiterte Spielräume auf Hochschulseite für eigenverantwortliches Handeln wird dies nicht gelingen. Hochschulreform und Hochschulentwicklung können auch nicht mehr zentral gesteuert, geplant und verordnet werden, sondern werden »von unten« her entstehen müssen – unter wettbewerblichen Bedingungen und auf der Grundlage einer gestärkten Hochschulautonomie.

Wissenschaft und Forschung als Einheit

In diesem Sinne und auf dieser Grundlage leisten Hochschulen – als Teil des öffentlich finanzierten Wissenschafts- und Forschungssystem in einem demokratischen Gemeinwesen – einen unverzichtbaren Beitrag zur Sicherung der Zukunftsfähigkeit unserer Gesellschaft. Dieser Erfolg hängt jedoch im Wesentlichen von zwei Voraussetzungen ab. *Zum einen* müssen Wissenschaft und Forschung als Einheit betrachtet und Wissensproduktion und -weitergabe als interdependente Prozesse verstanden werden. Denn eine funktionierende wissenschaftliche Infrastruktur ist für erfolgreiche Forschung ebenso erforderlich wie ein leistungsfähiges und differenziertes Qualifizierungssystem, das der prominenten Bedeutung des Transfers von Wissen über die Qualifizierung von Personen Rechnung trägt. Hierin liegt insbesondere die zentrale Bedeutung der Hochschule als Kern des gesamten Forschungssystems begründet.

Transparenz und gesellschaftlicher Austausch

Zum anderen müssen das Wissenschafts- und Forschungssystem im Ganzen und einzelne seiner Einrichtungen transparent und für einen intensiven Austausch mit ihrem weiteren gesellschaftlichen, wirtschaftlichen und wissenschaftlichen Umfeld offen sein. Bereits heute sieht sich die Forschung einem gestiegenen gesellschaftlichen Legitimationsdruck ausgesetzt; sie ist immer weniger in der Lage, auf rein wissenschaftsimmanente und disziplinenorientierte Kriterien als Legitimationsgrundlage für ihr Handeln zu rekurrieren. Im Gegenzug wird ihre Beteiligung am öffentlichen Diskurs immer häufiger als ein wesentliches Kriterium gehandelt, an dem ihre (gesellschaftliche) Relevanz gemessen wird. Vor diesem Hintergrund ergibt sich die Notwendigkeit, die Beziehung der Hochschule zu ihrem gesellschaftlichen Umfeld neu zu bestimmen. Wissenschaft, Wirtschaft und Gesellschaft müssen stärker an die Hochschulen herangeführt und an der Formulierung strategischer Zielsetzungen beteiligt werden.

Unterwegs wohin?

Wissenschaftlichkeit und Interdisziplinarität, Öffentlichkeit und gesellschaftliche Relevanz – dies sind denn auch die Kernbegriffe in einem Wissenschafts- und Hochschulsystem, das aufgrund seiner Kompetenzen in der Erkenntnisgewinnung und -weitergabe (in der wissenschaftlichen Grundausbildung, in ganz besonderem Maße aber im Rahmen der Nachwuchsqualifizierung) für Wirtschaft, Gesellschaft und Politik von fundamentaler Bedeutung ist. Und dennoch: Wohin die Entwicklung der Hochschulen in der wissenschaftsbasierten Gesellschaft und auf ihrem Weg in das neue Jahrtausend letztlich gehen und wie die künftige Gestalt und Struktur unserer Hochschulen aussehen wird – dies alles kann nicht mit Sicherheit vorausgesagt werden. Gleiches gilt für die Frage, ob die Hochschulen in der Form, wie wir sie kennen, auch in Zukunft Bestand haben werden – oder ob bzw. in welchem Maße sie zu virtuellen Hochschulen werden und ihre Aufgaben künftig im virtuellen Raum des Internet wahrnehmen werden. Eines aber scheint festzustehen: die unausweichliche und dringende Notwendigkeit zur Veränderung.

Entfesselung der Hochschule

Ohne innere Konflikte und vielleicht auch »traumatische« Erfahrungen in den Hochschulen werden diese Veränderungen sicherlich nicht zu bewältigen sein. Dies ändert jedoch nichts an der Tatsache, dass Veränderungen erforderlich und unausweichlich sind. Eines muss dabei aber deutlich sein: Es geht bei der Reform unserer Hochschulen nicht um die Zelebrierung von Humboldts Tod, um ein frivoles Verändern ohne historischen Tiefgang und ohne Besinnung auf das, was die Universität in der deutschen Tradition – Humboldts Universität – im Kern bedeutet. Im Gegenteil: Worum es geht, ist die *Entfesselung* der Hochschulen angesichts der Veränderungen und Herausforderungen einer wissenschaftsbasierten Gesellschaft am Beginn des 21. Jahrhunderts.

Zukunftsfähigkeit durch »atmendes System«

Es geht also um Reformen, die im Interesse der Zukunftsfähigkeit unserer Hochschulen stehen. Umso mehr sind aber die Hochschulen selbst gefordert, den Veränderungsprozess in die Hand zu nehmen, ihn aktiv voranzutreiben und in kreativer Weise zu gestalten. Mehr noch: Die Veränderungen können nur von den Hochschulen selbst bewältigt werden. Sie müssen weitestgehend von ihnen ausgehen und von ihnen umgesetzt werden. Der Grund dafür ist einfach: Die anstehenden Veränderungen sind im Ganzen weder planbar noch von einer zentralen Instanz aus steuerbar. Die Zeiten, in denen man mit (scheinbarer) Gewissheit Entwicklungen über längere Zeiträume hinweg voraussehen und planen konnte, sind vorüber. Deshalb haben wir im Grunde keine andere Wahl, als Freiräume zu schaffen, damit sich das System als »atmendes System« verändern kann und einzelne Hochschulen sich als »lernende Organisationen«

in eigenständiger Weise weiterentwickeln können – in einem wohl unsteten und sicherlich nicht immer geradlinig verlaufenden Prozess. Dazu müssen aber etliche Ketten gesprengt werden – in Gesetzeswerken ebenso wie in den Köpfen.

Ein neues Leitbild: die entfesselte Hochschule

Für eine staatliche Hochschule

Wie aber könnte das neue Leitbild der Hochschule der Zukunft – der *entfesselten* Hochschule – aussehen? Zuvorderst: Auch die entfesselte Hochschule muss eine staatliche, zumindest eine (überwiegend) staatlich finanzierte Hochschule sein. Das hat sie im Übrigen auch mit dem amerikanischen Hochschulsystem gemein, in dem zwar nur 45 Prozent der Institutionen staatliche Einrichtungen sind, diese aber 80 Prozent aller Studenten ausbilden. Zudem werden dort auch die privaten Einrichtungen zu einem großen Teil öffentlich finanziert.

Autonomie

Wissenschaftlichkeit

Wirtschaftlichkeit

Auf dieser Grundlage der überwiegend staatlichen Finanzierung kann die Hochschule der Zukunft weder Gelehrtenrepublik noch Dienstleistungsbetrieb, weder nachgeordnete Behörde noch Gruppeninstitution sein. Vielmehr wird sie eine Hochschule sein, die sich auszeichnet durch ein hohes Maß an *Autonomie*; sie ist eine Einrichtung, die der *Wissenschaftlichkeit* verpflichtet ist und wissenschaftliche Exzellenz als Richtschnur für die Bewältigung ihrer Aufgaben anerkennt. Dabei wird aber auch *Wirtschaftlichkeit* kein Fremdwort für sie sein – freilich ohne sich erwerbswirtschaftlichen Interessen unterzuordnen oder dem Prinzip der Gewinnmaximierung zu verschreiben.

Die Hochschulen der Zukunft werden darüber hinaus profilorientierte Hochschulen sein, also Hochschulen, die

Profilbildung

Wettbewerb

Internationa-lisierung

neue Medien, Virtualisierung

aufgrund ihrer Autonomie zur *Profilbildung* in der Lage sind und auf dieser Grundlage den *Wettbewerb* mit anderen nicht scheuen, weder auf nationaler noch auf internationaler Ebene. Gerade deshalb werden Hochschulen künftig in einem noch viel stärkeren Maße *international orientierte* Hochschulen sein müssen – nicht nur aus Gründen des Wettbewerbs, sondern auch und besonders aus wissenschaftlichen Gründen: Internationalität ist ein wesentliches Merkmal von Wissenschaft.

Und schließlich werden Hochschulen in unterschiedlichem Maße und zu unterschiedlichen Teilen auch *virtuelle Hochschulen* sein – Hochschulen, in denen die neuen interaktiven Medien in der Forschung und in der Lehre zum Einsatz kommen und welche die Möglichkeiten der Digitalisierung von Informationen nutzen, um ihre Leistungen und Angebote zu verbessern und zu erweitern.

Autonomie und Wissenschaftlichkeit, Profilierung, Wettbewerbsorientierung und Wirtschaftlichkeit, Internationalität und Virtualität – dies sind die zentralen Merkmale der Hochschule der Zukunft. Ihnen sind die folgenden Kapitel gewidmet.

Kapitel II
Die autonome Hochschule

Die autonome Hochschule

Die Autonomie der Hochschule ist inzwischen fast schon zu einer Leerformel verkommen – im Lager der Reformer wie auf der Seite ihrer gelehrtenrepublikanischen Gegner. Denn wer möchte sie nicht, die Autonomie der Hochschule, und wer würde nicht zu ihrer Verteidigung in den Kampf ziehen, gilt sie doch zusammen mit ihrem *alter ego*, der Freiheit von Forschung und Lehre, (zu Recht) als das höchste Gut. Doch ein Zuviel der Einigkeit ist immer auch verdächtig. Nur allzu häufig verbergen sich unter ihrem schützenden Mantel letztlich unvereinbare Gegensätze. Und nicht anders verhält es sich mit der Autonomie – jener hochschulpolitischen Hülse, die endlich wieder mit Inhalten gefüllt werden muss.

Autonomie als Leerformel

Eine doppelte Perspektive ist dabei vonnöten. Denn Autonomie betrifft nicht nur das Verhältnis zwischen dem Staat und seinen Wissenschaftlern und damit zugleich die Frage, *individuelle und korporative Autonomie*

wie und in welchem Umfang der Einzelne frei von staatlicher Steuerung forschen und lehren kann. Autonomie besitzt darüber hinaus eine korporative Komponente, welche die Handlungsfähigkeit von Hochschule *als Korporation* betrifft. Aber gerade sie ist über die Jahre fast völlig aus dem Blickfeld geraten. Schuld daran ist nicht nur die von einigen fast bis zum Missbrauch ausgeweitete individuelle Autonomie; schuld daran ist auch die staatliche Hochschulpolitik, die in den vergangenen Jahrzehnten die Hochschulen mit einer Regelungsdichte überzog, die fast zum korporativen Erstickungstod führte.

Richtungswechsel in der Hochschulpolitik

Was wir also brauchen, ist zweierlei: einerseits einen Richtungswechsel in der Hochschulpolitik, der den Hochschulen mehr Freiraum für eigenverantwortliches Handeln bringt. Das aber heißt: Neue Formen der staatlichen Steuerung sind zu suchen, denn die Grenzen der Leistungsfähigkeit unseres bisherigen Steuerungsmodells sind erreicht. Auf der Grundlage einer gestärkten institutionellen Hochschulautonomie ist das Verhältnis zwischen Staat und Hochschulen neu zu definieren. Andererseits muss die korporative Autonomie der Hochschule als Ganzes gegenüber individuellen Autonomieansprüchen wieder stärker zur Geltung kommen. Hochschulen müssen wieder handlungsfähig werden – nicht nur nach außen, sondern auch nach innen, und zwar auf der Grundlage korporativer Ziele und der Definition gemeinsamer Aufgaben. Dies erfordert Veränderungen in der hochschulinternen Organisation und Führung.

Ex-ante-Steuerung

Wenn von den Grenzen des bisherigen Steuerungsmodells die Rede ist, dann ist hier vor allem die traditionelle staatliche Ex-ante-Steuerung gemeint. Diese versucht, vor Arbeitsbeginn die wesentlichen Bedingungen für künftige Entwicklungen festzulegen, Qualität zu definieren und die Regeln ihrer Aufrechterhaltung zu bestimmen. Diese Art der Steuerung und Qualitätssicherung geschieht etwa im Rahmen von Haushaltsvorgaben, gesetzlichen Vorschriften über die Organisationsstruktur, Genehmigungsvorbehalten hinsichtlich Fachbereichen, Studiengängen und Berufungen etc. Dabei können die Festlegungen durchaus vorausschauend für Zeiträume von mehreren Jahren oder Jahrzehnten erfolgen. Einmal vorgenommene Festlegungen sollen dabei garantieren, dass künftige Entwicklungen auch tatsächlich in die antizipierte Richtung gehen. Folglich kann auf Möglichkeiten zur nachträglichen Korrektur oder Umsteuerung weitgehend verzichtet werden.

Vorteile und Grenzen der Ex-ante-Steuerung

Dieses System hat unbestreitbare Vorteile und war in der Vergangenheit ja auch recht erfolgreich. Denn es sicherte auf der Ebene des Gesamtsystems eine große Homogenität in der Qualität – ohne allerdings zwingend und durchgehend zu einer hohen Qualität zu führen. Zudem garantierte es allen, die berufen sind, ein hohes Maß an individueller Freiheit. Und schließlich war aufgrund der Finanzverantwortung des Staates die Alimentierung der Hochschulen gesichert. Voraussetzung für das Funktionieren einer staatlichen Ex-ante-Steuerung ist jedoch, dass sich die Rahmenbedingungen als relativ stabil erweisen: Entwicklungen müssen grundsätzlich vorhersehbar und staatlicherseits auch steuerbar sein. Darüber hinaus müssen finanzielle Ressourcen in ausreichendem Maße zur Verfügung stehen und langfristige Verpflichtungen ermöglichen.

Prozesssteuerung

Diese Voraussetzungen werden jedoch in Zukunft nicht mehr gelten. Bereits heute ist deutlich erkennbar, dass die Prinzipien der staatlichen Ex-ante-Steuerung nicht mehr greifen. Kronzeuge dieser Entwicklung ist niemand anderes als der Staat selbst, der ja in den vergangenen Jahren immer deutlicher zu einer Prozesssteuerung der Hochschulen übergegangen ist und dabei versucht hat, über eine Flut von Erlassen, Verordnungen und Gesetzen direkt in hochschulinterne Abläufe einzugreifen. Auf diesem Wege wird versucht, z. B. Blockveranstaltungen zu untersagen oder Anwesenheitszeiten zu regeln. Letztlich wird aber doch nur eines erreicht: eine übermäßige Bürokratisierung und Detailsteuerung, welche die letzten noch vorhandenen Spielräume für eigenverantwortliches Handeln unterdrücken.

Hochschulen als Akteure

Genau an diesem Punkt muss ein neues Steuerungssystem ansetzen, das die Steuerungskompetenz vom Staat auf die Hochschulen als flexibel und autonom agierende Einheiten verlagert. Das Ziel dabei ist, dass die Hochschulen selbst – und nicht mehr der Staat – als die eigentlichen Akteure im Hochschulbereich in Erscheinung treten. Flexibilität und Reagibilität sind die neuen Prinzipien der Hochschulsteuerung. Sie lösen Kontinuität und Homogenität als Leitlinien der Hochschulentwicklung ab.

Korporative Autonomie und individuelle Autonomie

Erforderlich ist aber auch, dass die korporative Autonomie der Hochschule gegenüber missbräuchlich ausgeweiteten individuellen Autonomieansprüchen wieder deutlich in Erscheinung tritt. Dabei ist unbestritten, dass Wissenschaft Kreativität benötigt, die sich bevorzugt im individuellen Raum und frei von eingrenzenden Regeln entfalten kann. Das setzt eine große Freiheit des einzelnen Wissenschaftlers voraus, die jedoch nicht zu Dysfunktionalitäten führen darf, in denen die Handlungs- und Leistungsfähigkeit von Hochschulen auf der Strecke bleibt. Gerade das ist aber nicht selten der Fall: Aus einer Überbetonung der individuellen Wissenschaftsfreiheit resultieren viele der allseits beklagten Defizite in der Studienorganisation wie nicht abgestimmte Lehrveranstaltungen, unkoordinierte Prüfungstermine, inhaltliche Überschneidungen oder Leerfelder.

individuelle Autonomie

Die Freiheit von Forschung und Lehre wird somit vielfach missverstanden allein als individuelle Freiheit des Einzelnen, und zwar losgelöst von gemeinsamen Zielsetzungen und Wertvorstellungen. Autonomie bedeutet aber nicht, dass Wissenschaftler im Namen der Wissenschaftsfreiheit uneingeschränkte Individualrechte ohne jede Kollektivverantwortung reklamieren können. Eine Hochschule lebt vielmehr von einem ausgewogenen Verhältnis zwischen individueller und korporativer Autonomie. Sie muss mehr sein als eine Ansammlung von Benutzern einer zentralen Heizungsanlage.

Kollektivverantwortung

Nun stehen aber korporative und individuelle Autonomie in einem grundsätzlichen und wohl kaum dauerhaft zu lösenden Spannungsverhältnis. Gerade deswegen ist die Vermittlung zwischen diesen beiden Autonomiebereichen bei gleichzeitiger Sicherstellung der institutionellen Handlungsfähigkeit von Hochschulen eine große Herausforderung. Sie muss im Rahmen einer Neugestaltung hochschul-

institutionelle Handlungsfähigkeit: Leitungsstrukturen

interner Leitungsstrukturen bewältigt werden. Allerdings ist dies ein schwieriges und delikates Unterfangen insofern, als die beiden Grundfesten der gegenwärtigen Hochschulverfassung – die Gruppenhochschule und das Kollegialitätsprinzip – in den Kreis möglicher Reformen gezogen werden. Mit einem nicht unerheblichen Maß an Widerstand ist daher zu rechnen – von seiten der Politik, die gern die Gruppenhochschule als demokratische Errungenschaft der jüngeren Vergangenheit ins Feld führt, und vonseiten der Hochschulen und einiger ihrer Verbände, bei denen die kollektive Entscheidungsfindung als unhintergehbare Organisations- und Partizipationsform gehandelt wird, die jeder Art von Reform entzogen ist.

Entscheidungsfindung

Und dennoch: Das Kräftespiel zwischen zentralen und dezentralen Leitungsanforderungen einerseits und individuellen Autonomieansprüchen andererseits ist neu zu justieren. Das aber heißt zugleich, dass neue Formen der Entscheidungsfindung und der Partizipation gefunden werden müssen. Drei Gründe seien dafür genannt:

Blockade durch Gremien

Erstens: In einer autonom agierenden Hochschule müssen Entscheidungen getroffen, Prioritäten und Posterioritäten gesetzt werden. Darüber hinaus müssen im Rahmen einer weitreichenden Struktur- und Entwicklungsplanung interne Umwidmungen von Ressourcen vorgenommen werden. Die derzeitige Gremienstruktur ist jedoch kaum in der Lage, diese Aufgaben angemessen zu bewältigen. Denn Gremien neigen in der Regel zu Konsens auf kleinstem gemeinsamem Nenner, tendieren zu Negativkonsensen und zur Blockierung von Beschlüssen; sie handeln tendenziell verantwortungslos, da sie nicht zur Rechenschaft gezogen werden können. Und nicht selten produzieren sie ein eklatantes Missverhältnis zwischen Beratungsaufwand und

Beratungsergebnis bzw. Tragweite und Relevanz des gefassten Beschlusses.

Zweitens: Das Kollegialitätsprinzip reicht als alleinige Grundlage für weitreichende Entscheidungen nicht mehr aus. Denn es setzt die Existenz von korporativen Werten und Zielvorstellungen voraus, die ein gemeinsames Handeln erst ermöglichen. Zwar gibt es – insbesondere unter den Fakultäten und Fachbereichen, die zu den besten zählen – durchaus positive Beispiele dafür, dass das Kollegialitätsprinzip noch funktionieren kann; in der Regel führt jedoch die Heterogenität der Wert- und Zielvorstellungen unter Hochschulmitgliedern dazu, dass die Wahrung des jeweiligen Anspruchs auf individuelle Autonomie gegenüber der Realisierung gemeinsamer Vorstellungen im Vordergrund steht. Handlungsleitend ist somit das Prinzip der gegenseitigen Nichteinmischung oder der Grundsatz »Kollegen tun sich nun mal nichts«. Und die Folgen? Ein nicht selten ausufernder und lähmender »akademischer Individualismus« oder ein schleichender Qualitätsverlust nach dem bekannten Motto: Erstklassige Fakultäten berufen erstklassige Professoren, zweitklassige aber berufen drittklassige.

akademischer Individualismus aufgrund des Kollegialitätsprinzips

Drittens: Das Modell Gruppenhochschule ist gescheitert. Von vornherein beruhte es auf einem »fehlerhafte[n] Verständnis der Hochschule als Institution zur demokratischen Austragung von Interessengegensätzen und Gruppenkonflikten und als Ort zur Befriedigung privater Wissenschaftsinteressen« (Kay Hailbronner). Auch muss bezweifelt werden, ob die gängige Gruppeneinteilung eine allgemeingültige Abgrenzung ist, die problemorientiert auf Dauer trägt. Eine ganze Reihe neuer Interessengruppierungen sind in den letzten Jahren aufgetreten, die durch ein ausuferndes Beauftragtenwesen mit immer dichteren prozessualen Vorschriften und

keine Repräsentanz in der Gruppe

Vetorechten eher systemfremd in das Partizipationssystem integriert worden sind. Und schließlich stellt sich bei einigen Gruppen auch die Frage, wie gut es mit der Repräsentanz der Repräsentanten bestellt ist. Wahlbeteiligungen von zehn Prozent und weniger lassen berechtigte Zweifel darüber aufkommen, ob der Wille und die Interessen der Mehrheit in dieser Form der Partizipation in angemessener Weise zum Ausdruck kommen können. Häufig spielen denn auch eher individuelle als gruppenspezifische Interessen der »Repräsentanten« eine Rolle.

Partizipation

Eine angemessene Partizipation von Hochschulangehörigen an Entscheidungsprozessen ist mit den derzeit gesetzlich fixierten formellen Strukturen nicht mehr möglich. Diese ist aber aus zwei Gründen durchaus wünschenswert: Zum einen basieren partizipativ gefällte Entscheidungen und Strategien auf einer besseren Informationsgrundlage, da sie unterschiedlichste Sichtweisen, Erfahrungen und Kenntnisstände mit einbeziehen; es kommt daher zu besseren Entscheidungen. Zum anderen werden derartige Entscheidungen besser akzeptiert und dann mit einer höheren Wahrscheinlichkeit auch tatsächlich umgesetzt.

Wiedergewinnung der Handlungsfähigkeit

Damit stehen Hochschulen vor einer doppelten Aufgabe: Sie müssen neue Formen der Partizipation von motivierten und fähigen Hochschulmitgliedern an den Entscheidungen der Hochschule entwickeln und ihre korporative Autonomie gegenüber einem ausufernden akademischen Individualismus oder entscheidungsschwachen Gremien stärken – und sie müssen in der Lage sein, gegenüber dem Staat als eigenverantwortliche, handlungsfähige Institutionen in Erscheinung zu treten. Die Frage ist nun aber: Wie sind diese Aufgaben zu lösen? Und welche Organisationsformen sind dafür geeignet?

Leitlinien zur Stärkung der Hochschulautonomie

»kreative Lücken« des HRG

Bis zur Novellierung des Hochschulrahmengesetzes (HRG) 1998 war die Frage der Organisations- und Leitungsstrukturen noch relativ einfach zu beantworten. Denn diese waren gesetzlich fixiert und damit verbindlich als die richtige Form der Hochschulorganisation vorgeschrieben. Nach der Novellierung des HRG hat sich diese Situation allerdings grundlegend verändert: Wo früher eine Reihe von Paragraphen Bestimmungen zu Form und Struktur der Hochschulverfassung enthielten, ist heute *nichts* mehr zu finden. Aber gerade dieses Nichts kann am Ende ein Mehr bedeuten – ein Mehr an Autonomie und Selbstverantwortung für die Hochschulen und ihre Leitung. Dies allerdings nur, wenn den Versuchen widerstanden werden kann, diese »kreativen Lücken nun in den Länderparlamenten wieder mit Paragraphen zu füllen«, wie der damalige Bundespräsident Roman Herzog in seiner ersten Bildungsrede unterstrich.

Organisationsautonomie

Vielfalt statt Gleichmaß

Damit ist nun aber das angesprochen, was als grundlegendes Prinzip bei der Ausgestaltung der Hochschulautonomie akzeptiert werden muss: Die Freiheit der Hochschulen, sich so zu organisieren, wie es ihren jeweiligen Bedürfnissen und ihrem generellen Leistungsauftrag entspricht und wie es die Unterschiede in Größe, Tradition, Kultur usw. der einzelnen Hochschulen erfordern. Hochschulen benötigen dazu *Organisationsautonomie*, die das Ende des gesetzlich vorgegebenen Typenzwangs bei der Ausgestaltung der Leitungs-

und Organisationsstrukturen bedeutet und im Ergebnis zu einer großen Vielfalt von Möglichkeiten zur Gestaltung ihrer Willensbildungs- und Entscheidungsstrukturen führt – einschließlich der Besetzung und Kompetenzausstattung von Leitungsfunktionen und ihrer Einbindung in hochschulinterne Kommunikations-, Entscheidungs- und Berichtsstrukturen. Nichts wäre im Zusammenhang mit einer Reform der Leitungsstrukturen kontraproduktiver als der Entwurf eines Einheitsmodells mit einem sich über alle Hochschulen erstreckenden Geltungsanspruch. Einheitsmodelle sind entmündigend und Ausdruck von Besserwisserei.

Wissenschaftlichkeit als Leitlinie

Autonome Hochschulen müssen also in der Lage sein, sich entsprechend ihren spezifischen Anforderungen und Bedürfnissen zu organisieren – selbstverständlich nicht nach dem bekannten Motto *anything goes*, sondern auf der Grundlage ihres Auftrags und ihrer Eigenschaft als wissenschaftliche Einrichtungen mit Aufgaben in Forschung und Lehre, in der Nachwuchsqualifizierung und der wissenschaftlicher Weiterbildung. An diesen Aufgaben und an den für ihre Wahrnehmung geltenden Prinzipien – wissenschaftliche Exzellenz und Qualität, Effektivität und Effizienz sowie gesellschaftliche Verantwortung – gilt es sich zu orientieren. Und auf dieser Grundlage sind auch die Leitungs- und Organisationsstrukturen für autonome Hochschulen zu entwickeln. Und das bedeutet, dass es auch für die Umsetzung der geforderten Organisationsautonomie Leitlinien und Gestaltungsprinzipien gibt, hochschul- und wissenschaftsangemessene »Erfolgsfaktoren« für die Gestaltung von Leitungs- und Organisationsstrukturen, die zur Kompensierung der eingangs genannten Fehlentwicklungen und Strukturdefizite in der Lage sind.

Leitlinien zur Ausgestaltung der Willensbildungs- und Leitungsstrukturen an Hochschulen

»Hochschulen sind wissenschaftliche Einrichtungen mit Aufgaben in Forschung und Lehre, Nachwuchsförderung und Weiterbildung sowie gegebenenfalls Krankenversorgung.

Die Entwicklung und Umsetzung hochschulspezifischer Ziele, wissenschaftliche Exzellenz und hohe Effektivität und Effizienz sind die obersten Prinzipien für die erfolgreiche Erfüllung dieser Aufgaben.

Die Gestaltung der Willensbildungs- und Entscheidungsstrukturen soll sich in allen ihren Aspekten an diesen Prinzipien orientieren und soll zu ihrer bestmöglichen Umsetzung beitragen.

Darüber hinausgehenden Belangen soll dabei nur insofern Rechnung getragen werden, wie sie den grundlegenden Aufgaben und Zielen von Hochschulen nicht entgegenstehen.«

Quelle: Wissenschaftlicher Beirat zur Begleitung des Modellvorhabens für eine Erprobung der globalen Steuerung von Hochschulhaushalten im Land Niedersachsen, Acht Empfehlungen zu Willensbildungs- und Entscheidungsstrukturen, 1999, S.10.

Aufgabenteilung: Politische Verantwortung, strategische Planung und operative Zuständigkeit

Zunächst muss der korporative Autonomieanspruch der Hochschulen nach außen und gegen eine prozessorientierte Detailsteuerung durch die Ministerien abgesichert werden. Dazu ist klar zwischen politischen, strategischen und operativen Aufgabengebieten und Verantwortlichkeiten zu unterscheiden.

Staat

Zweifellos wird auch in Zukunft den Parlamenten die politische Verantwortung und die politische Steuerung den Ministerien obliegen. Diese sind für die qualitativen und quantitativen Zielvorgaben (z. B. zum Lehr- und Forschungsangebot, zu den entsprechenden Lehr- und Forschungskapazitäten und zum Budget) und die staatlichen Rahmenbedingungen verantwortlich, in denen sich die Entwicklung des Gesamtsystems sowie einzelner Hochschulen vollziehen soll. Dagegen wird die strategische Führung im Rahmen der politischen Vorgaben eine Aufgabe der Hochschulleitung sein. Die operative Führung im Rahmen der strategischen Zielsetzungen schließlich ist Sache der Prozessverantwortlichen innerhalb der Hochschule; sie betrifft die tägliche Führung und erfordert entscheidungs- und durchsetzungsfähige Leitungsinstrumente und -prozesse.

Hochschule

Rechenschaftslegung und gesellschaftliche Verantwortung

Zieht sich nun aber der Staat auf die Ebene der politischen Steuerung und die Gestaltung der Rahmenbedingungen für das Hochschulsystem zurück, dann eröffnet sich dadurch ein bislang weitgehend brachliegender Zwischenbereich der strategischen Führung, der für die Entwicklung einzelner Hochschulen von entscheidender Bedeutung ist. Für diesen Bereich sind nunmehr Verantwortlichkeiten neu zu definieren und zu verteilen; neue Strukturen der Rechenschaftslegung sind zu schaffen, und die gesellschaftliche Verantwortung von Hochschulen ist neu zu verankern.

Hochschulräte

»buffer institutions«

Schaut man auf Beispiele in anderen Ländern, dann stellt man fest: Die Autonomie der Hochschulen gegenüber dem Staat ist dort am weitesten gediehen, wo es – neben sogenannten *buffer institutions*, die für den Staat gewisse Aufgaben treuhänderisch und hochschulnah erfüllen – auch Hochschulräte gibt, die mit dem Staat den Leistungsumfang ihrer Hochschule verhandeln, bei der strategischen Ausrichtung ihrer Hochschule mitwirken und gegenüber der Hochschulleitung Aufsichtsfunktionen übernehmen.

Autonomie und Qualität

Mit externer Intervention in die inneren Angelegenheiten von Hochschulen, mit Eingriffen in die akademische Freiheit hat dies alles nichts zu tun. Wohl aber mit zwei zentralen Anliegen der Hochschulentwicklung: mit der Frage, wie Autonomie und Eigenverantwortlichkeit nach außen abgesichert werden können; aber auch mit der Hauptaufgabe, die sich Hochschulen immer stellt und die sich im internationalen Wettbewerb mit zunehmender Dringlichkeit stellen wird: der Sicherung von Qualität in Forschung und Lehre. Unter dem Primat dieses Ziels stehen letztlich auch die Organisations- und Leitungsstrukturen an den Hochschulen. Und da steht zu erwarten: Wird der Arm des Staates, der derzeit noch tief in die Hochschulen hineinreicht, ein ganzes Stück kürzer, und erweitern sich im Gegenzug die Gestaltungsspielräume von Hochschulen für autonomes Handeln, dann wird sich nicht nur die Leistungsfähigkeit von Hochschulen erhöhen, sondern sich auch die Qualität ihrer Leistungen verbessern.

Nostalgie

Das aber wollen die Gegner von Hochschulräten nicht wahrhaben. Mit einer geradezu fröhlich anmutenden Verzweiflung zeigen sie auf, was alles juristisch *nicht* machbar ist, nämlich alles – um dann erleichtert zu dem Ergebnis zu kommen: Am besten lässt man alles beim Alten; auf Hochschulräte sei ganz zu verzichten, und »im Übrigen sollte es bei der staatlichen Hochschulaufsicht bleiben« (Hartmut Krüger). Damit wird aber in sonderbarer Weise der gegenwärtige Zustand verklärt, bis schließlich die staatliche Umarmung erstrebenswerter wird als eine selbstbewusste, handlungsfähige Hochschule. Oder der Blick wird nostalgisch zurückgewandt, bis gar der preußische Kurator als Lotse ins neue Jahrtausend erscheint. So subtil derartige Überlegungen auch sein mögen: Gefragt sind mehr Reformen und weniger Nostalgie.

Aufgaben und Funktionen:

Was sind nun aber die möglichen Aufgaben und Funktionen von Hochschulräten, die als Organe der Hochschule zugleich eine Pufferfunktion zwischen der jeweiligen Hochschule und dem Staat als ihrem Träger übernehmen?

strategische Führung

Mit dem Rückzug des Staates auf die Ebene der politischen Steuerung übernimmt der Hochschulrat – gemeinsam mit der Hochschulleitung – die Aufgabe der strategischen Führung. Darüber hinaus fallen ihm viele Aufgaben zu, die derzeit noch im staatlichen Kompetenzbereich liegen, so etwa die Genehmigung der Grundordnung, der Studien- und Prüfungsordnungen, die Errichtung und Aufhebung von Fachbereichen und Instituten, die Genehmigung der Ernennung, Beförderung und Entlassung von Professoren. Auch nimmt er die Rechenschaftsberichte der Hochschulleitung entgegen. Denn er führt die Aufsicht über die Hochschulleitung, die ihm gegenüber verantwortlich und rechenschaftspflichtig ist.

Wahl der Hochschulleitung . . .

Damit ist bereits angedeutet, von wem die Hochschulleitung zu wählen ist. Für einige ist dies eine heikle, an die Grundfesten ihres tradierten Hochschulverständnisses rührende Frage. Um es dennoch deutlich zu sagen: Eine Wahl der Hochschulleitung durch den Hochschulrat – zumindest aber seine Beteiligung an der Wahl – ist unabdingbar. Nur dann kann eine klare Verantwortungslinie zwischen Hochschulleitung und aufsichtsführendem Organ gezogen werden, und nur dann erhält die Hochschulleitung gegenüber den hochschulinternen Gremien ein Maß an Unabhängigkeit, das sie für ein effektives und effizientes Management benötigt. Man stelle sich nur eine mit Globalhaushalt ausgestattete Hochschule vor, deren Leitung in der strategischen Führung – d. h. bei der Bestimmung von Prioritäten und Posterioritäten – allein von gruppenparitätisch besetzten Hochschulgremien abhängig ist! Unschwer gelangt man zu der Erkenntnis, dass die Hochschulleitung in andere als die derzeit üblichen Legitimations- und Verantwortlichkeitsstrukturen eingebunden werden muss. Hochschulen brauchen also ein professionelleres Management mit den entsprechenden Leitungsstrukturen und Steuerungsinstrumenten. Sie brauchen nicht zwingend Manager aus der Wirtschaft, wohl aber Personen, die zur kompetenten Führung eines »Großbetriebs« mit Millionenbudget und den wohl anspruchsvollsten »Produkten«, nämlich Forschung und Lehre, in der Lage sind. Und diese finden sich auch und vor allem *in* den Hochschulen selbst.

. . . unter Beteiligung der Hochschulmitglieder

Dennoch und ungeachtet der Notwendigkeit, den Hochschulrat an der Wahl der Hochschulleitung zu beteiligen, wird niemand im Ernst daran denken, auf die Mitwirkung der Angehörigen einer Hochschule an Wahl und Bestellung der Hochschulleitung zu verzichten. Diese ist unerlässlich, und verschiedene Formen der Mitwirkung sind hier denkbar: So könnte eine gemeinsame Findungskommission nach geeigneten Kandidaten – auch außerhalb der jeweiligen Hochschule – suchen. Dem Senat wird dann ein Wahlvorschlag unterbreitet, den er annehmen oder zurückweisen kann, bevor die Wahl durch den Hochschulrat erfolgt. Ein derartiges Vetorecht des Senats bei gleichzeitigem Wahlrecht des Hochschulrats verleiht der Hochschulleitung eine doppelte Legitimationsgrundlage, die zur Erfüllung ihrer Aufgaben unerlässlich ist.

Mitglieder des Hochschulrats

Selbstverständlich müssen die Mitglieder von Hochschulräten mit Hochschulwesen und Wissenschaftsbetrieb bestens vertraut sein; sie sollten jedoch nicht gleichzeitig der jeweiligen Hochschule angehören. Auch müssen sie hohen Anforderungen an Sachlichkeit, Persönlichkeit und öffentlicher Reputation genügen. In Frage kommen Persönlichkeiten aus Wissenschaft, Wirtschaft und Politik, allerdings keine hauptamtlichen Interessenvertreter oder (Partei-)Funktionäre. Damit kann letztlich auch der Forderung nach einer stärkeren Beteiligung der Gesellschaft an den Hochschulen Rechnung getragen werden. Aus einer derartigen Zusammensetzung jedoch eine kommende Fremdbestimmung der Hochschulen abzuleiten, wäre nicht nur falsch, sondern auch eine Verkennung der Chronologie: Sie ist ja nicht das Ziel, sondern der Ausgangspunkt der hier skizzierten Vorschläge, was deren Dringlichkeit nur unterstreicht.

Trennung von Leitungs- und Aufsichtskompetenzen

Aufgabenteilung

Klare Verantwortlichkeiten und Zuständigkeiten sind auch *innerhalb* unserer Hochschulen vonnöten. Entscheidend dabei ist, dass zwischen Leitungs- und Aufsichtskompetenzen unterschieden wird und diese eine eindeutige Zuordnung zu Gremien und Einzelpersonen auf zentraler wie dezentraler Ebene erfahren. Dabei gilt: Verantwortung muss persönlich zurechenbar sein und sich über die Fachwie auch die Ressourcenverantwortung erstrecken. Das aber heißt: Das Prinzip der Prozessverantwortlichkeit muss bei der Ausgestaltung hochschulinterner Leitungsstrukturen zum Tragen kommen.

Welche Optionen sind nun für die Aufgaben- und Kompetenzverteilung denkbar? Kontroll- und Aufsichtskompetenzen sind beim Senat, den Fachbereichsräten und, wie bereits erwähnt, beim Hochschulrat angesiedelt, wobei deren Kompetenzen sowohl Beratungs-, Mitwirkungs- und Mitbestimmungsrechte als auch Kontrollrechte bei der Wahl bzw. Abwahl von Personen mit Leitungsverantwortung umfassen können. Leitungsfunktionen übernehmen dagegen die Hochschulleitung, die als Präsidial- oder Rektoratsverfassung denkbar ist, oder die Fachbereichsleitung (bzw. Fakultätsleitung). Wenngleich für diese beiden Leitungsinstanzen grundsätzlich eine Konzentration der Leitungsfunktionen auf eine Person, den Rektor/Präsidenten bzw. Dekan, denkbar wäre, ist ein kollegiales Leitungsgremium in Form eines Vorstandes mit unterschiedlichen Ressortverantwortlichkeiten der Vorstandsmitglieder im Kontext der deutschen Hochschultradition die angemessenere Variante. Letztlich sind dies jedoch Fragen von nachrangiger Bedeutung. Entscheidend ist vielmehr, dass die individuelle Zurechenbarkeit von Leitungsaufgaben und Leitungsverantwortung klar geregelt ist und dass eine Trennung von Leitungsfunktionen einerseits und Aufsichts- und Beratungsfunktionen durch gewählte Gremien andererseits vorgenommen wird.

Aufsicht und Kontrolle

Von nachrangiger Bedeutung ist aber auch die bewegende Frage, ob es an deutschen Hochschulen in Zukunft noch einen Kanzler geben muss oder ob auf ihn verzichtet werden kann. Grundsätzlich kann im Zeichen einer Organisationsautonomie für Hochschulen auch die Rechtsfigur des Kanzlers nicht mit einem hochschulpolitischen Tabu

mit oder ohne Kanzler?

versehen werden. Die entscheidende Frage ist ja nicht, ob Hochschulen ohne Kanzler denkbar sind oder nicht. Denn auch ein Kanzler ist kein Selbstzweck. Vielmehr geht es darum, *dass* die Aufgaben und Funktionen des Kanzlers wahrgenommen werden – von wem auch immer – und zwar auf möglichst kompetente und effektive Art und im Rahmen einer Leitungsstruktur, die den Anforderungen entspricht und in sich stimmig ist. Das aber könnte durchaus der Fall sein, wenn die Aufgaben des Kanzlers in einem Ressort für »Personal, Finanzen, Liegenschaften, Controlling« innerhalb eines kollegialen Leitungsgremiums angesiedelt würden. Zum einen wäre damit ein Ressort geschaffen, in dem zentrale Managementbereiche mit modernem Aufgabenzuschnitt zusammengefasst sind; zum anderen könnte damit der – gerade von Kanzlerseite – so häufig zu Recht geforderten Schaffung kollegialer Leitungsstrukturen Rechnung getragen werden. Warum sollte man also nicht den nächsten, durchaus konsequenten Schritt wagen und den Personal- und Finanzbereich als gleichberechtigt mit den anderen einem »Vizepräsidenten« oder »Prorektor für Personal, Finanzen, Liegenschaften, Controlling« unterstellen? Das wäre für manche vielleicht erstaunlich; ein derartiger Schritt wäre letztlich aber nur erstaunlich konsequent.

Doppelte Legitimation

persönliche Verantwortung

Wer Leitungsfunktionen übernimmt, braucht aber nicht nur Führungs- oder Richtlinienkompetenz, sondern muss – auf zentraler wie auf dezentraler Ebene – für die Führung seiner Amtsgeschäfte persönlich Verantwortung übernehmen und darüber Rechenschaft ablegen. Dabei lässt es sich nun einmal nicht vermeiden, dass unbeliebte Entscheidungen gefällt, Prioritäten gesetzt und Ressourcen gesteuert werden müssen. Wenn ein Rektor oder ein Dekan dabei allein gegenüber seinen Kollegen verantwortlich ist, wird er dazu nur schwerlich in der Lage sein.

doppelte Legitimation

Daher brauchen Entscheidungsträger auch eine gewisse Unabhängigkeit gegenüber ihren Kollegen, also eine »doppelte Legitimation« ihrer Position. Die Frage dabei ist, wer bei einer Wahl oder Abwahl die Gesamtinteressen vertritt – und zwar im Spannungsfeld der vielfältigen Interessen einzelner Hochschulmitglieder. Konkret bedeutet eine »doppelte Legitimation« Folgendes: Die Hochschulleitung – also der Präsident oder ein mehrköpfiges Leitungsorgan – wird nicht mehr ausschließlich von den Mitgliedern der Hochschule gewählt. Vielmehr ist auch der Hochschulrat an dieser wichtigen Personalentscheidung maßgeblich beteiligt. Damit wird die Leitung gegenüber dem Hochschulrat verantwortlich und findet dort ihren Rückhalt, ohne damit das Vertrauen der Hochschulmitglieder zu verlieren. Analog gilt für die Fachbereichs- oder Fakultätsleitung: Auch sie benötigt eine doppelte Legitimation durch die Angehörigen des betreffenden Fachbereichs einerseits und durch die Hochschulleitung andererseits. Denn ein Dekan steht in der doppelten Verantwortung, den Fachbereich zu leiten und die dort anfallenden Entscheidungen zu treffen, dabei aber auch darauf zu achten, dass die institutionellen Gesamtinteressen nicht verletzt, sondern auch auf dezentraler Ebene gewahrt werden.

Verantwortung und Partizipation

Eine doppelte Legitimation schafft auf diese Weise einen Ausgleich zwischen zwei Zielen von grundsätzlicher Bedeutung: Entscheidungen können flexibel und mit dem erforderlichen Maß an Verantwortlichkeit getroffen werden, wodurch Hochschulautonomie mit Leben ausgefüllt wird; gleichzeitig wird ein für Hochschulen wesentliches Organisationsprinzip respektiert, nämlich die Beteiligung von Hochschulangehörigen an der Wahl und der Bestellung von Personen, die Leitungsverantwortung übernehmen.

Optionen für Wahl und Bestellung nach dem Grundsatz der doppelten Legitimation

»(. . .) Optionen in Bezug auf die Wahl der Hochschulleitung sind:
- *Wahl durch den Senat mit Vetorecht durch den Hochschulrat;*
- *Wahl durch den Senat auf Vorschlag des Hochschulrats;*
- *Wahl durch den Hochschulrat auf Vorschlag des Senats;*
- *Wahl durch den Hochschulrat nach Anhörung des Senats;*
- *Wahl durch den Hochschulrat auf Vorschlag der Dekane.*

Auf dezentraler Ebene sind folgende Optionen denkbar:
- *Wahl des Dekans durch den Fachbereich mit Vetorecht der Hochschulleitung;*
- *Wahl des Dekans durch den Fachbereich auf Vorschlag der Hochschulleitung;*
- *Wahl des Dekans durch die Hochschulleitung nach Anhörung des Fachbereichs;*
- *Bestellung des Dekans durch die Hochschulleitung auf Vorschlag des Fachbereichs.*

Die Abberufung von Personen in Leitungsfunktionen kann analog zum jeweiligen Wahl- und Bestellungsverfahren ausgestaltet werden.«

Quelle: Wissenschaftlicher Beirat zur Begleitung des Modellvorhabens für eine Erprobung der globalen Steuerung von Hochschulhaushalten im Land Niedersachsen, »Acht Empfehlungen zu Willensbildungs- und Entscheidungsstrukturen«, 1999, S. 30.

Dennoch bleibt die Frage, wie die Spannung zwischen zentralen Leitungsanforderungen und dezentraler Aufgabenwahrnehmung wenn nicht gelöst, so doch gestaltet werden kann. Denn Hochschulen sind und waren immer Organisationen mit einem hohen Professionalisierungsgrad: Akademische Experten und Spezialisten entscheiden über Fragen von Forschung und Lehre, und dafür fordern sie ein hohes Maß an akademischer Freiheit und Selbstbestimmung im Rahmen dezentraler Organisations- und Entscheidungsstrukturen. Andererseits besteht aber immer die Gefahr einer »Pervertierung« dieser Freiheit zu einem akademischen Individualismus, der jede Ein- oder Unterordnung in übergreifende Organisationszusammenhänge ablehnt und eine institutionelle Unbeweglichkeit hervorruft, die Hochschulen zu durch und durch konservativen Organisationen mutieren lässt.

Führung statt Konservatismus

Während also Arbeitsteilung, Spezialisierung und Dezentralisierung in Hochschulen traditionell deutlich ausgeprägt sind, bereitet das Zusammenwirken unterschiedlicher Einheiten, Organe und Ebenen deutliche Schwierigkeiten – insbesondere dann, wenn man der Versuchung einer Zentralisierung und der Implementierung eines einseitigen »top-down-Managements« widerstehen möchte. Da Letzteres mit der besonderen Hochschulkultur nicht zu vereinbaren ist – und auch auf keiner ernst zu nehmenden hochschulpolitischen Agenda steht –, ist nach Koordinationsinstrumenten zu suchen, die der spannungsgeladenen organisatorischen Grundforderung in angemessener Weise Rechnung tragen.

Dezentralisierung und Koordination

Der Grundsatz dabei lautet: *dezentrale Verantwortung bei zentraler Konzeption mit organisierter Absprache.* Zielvereinbarungen sind ein Koordinations- und Steuerungsinstrument, das dieser Anforderung bestens genügt.

Zielvereinbarungen

Weiterentwicklung akademischer Selbstabstimmung

Zielvereinbarungen sind eine Alternative zur bürokratischen Führung durch Rechtsvorschriften und Detailanweisungen *und* eine Weiterentwicklung der herkömmlichen Form der akademischen Selbstabstimmung. Sie beschreiben Aufgaben und die zu erbringenden Leistungen, und sie enthalten Angaben über die dafür erforderlichen Mittel. Zielvereinbarungen setzen also Leistungen und Prozesse in Beziehung zu erwünschten Zielen, zu dem, was als Prioritäten bzw. Posterioritäten definiert wurde; aber sie verbinden Leistungen und Prozesse auch mit bestimmten Ressourcen, Zeiträumen und Modalitäten der Aufgabenwahrnehmung und machen diese dadurch bewertungsfähig. Das stimuliert zielführendes Handeln und Entscheiden auf allen Ebenen: auf der Ebene der einzelnen Lehrstühle und Institute, die Vereinbarungen mit dem Fachbereich bzw. der Fakultät schließen; in den Fakultäten selbst, die Verträge mit der Hochschulleitung aushandeln; und schließlich auf der Ebene der Hochschulleitung, die zusammen mit dem Hochschulrat gegenüber dem Land als Vertragspartner auftritt und mit dem Ministerium entsprechende Vereinbarungen über die von der Hochschule als Ganzes zu verfolgenden Ziele abschließt.

Leistungszusagen und Ergebnisbewertung

Ob hochschulintern oder zwischen Staat und Hochschule abgeschlossen, Zielvereinbarungen gehorchen auf jeder Ebene dem alten Prinzip der Vertragsgestaltung: *do ut des*. So erfolgt die Zuweisung von Ressourcen auf der Grundlage von Leistungszusagen für einen bestimmten Zeitraum. Für diesen Zeitraum besteht Planungssicherheit: Solange Zielvereinbarungen gelten, müssen die erforderlichen und vereinbarten Ressourcen auch tatsächlich verfügbar sein. Wer diese Planungssicherheit gewährt, hat im Gegenzug ein berechtigtes Interesse an verbindlichen qualitativen und quantitativen Angaben darüber, welche Leistungen in welchem Zeitraum zu erbringen sind und welches Ergebnis erzielt werden soll. Dabei darf selbstverständlich das Kind nicht mit dem Bade ausgeschüttet werden: Für wissenschaftliche Leistungen ist immer auch ein Freiraum für das Unerwartete, Nichtvorherbestimmte oder Ungeplante erforderlich. Auch hierfür muss es Zeit-, Sach- und Geldressourcen geben, die bedingungslos – zumindest über einen Vertrauenszeitraum hinweg – zugewiesen werden.

Zielvereinbarung und -überprüfung

Grundsätzlich aber gilt: Das gegenseitige Geben und Nehmen ist auszuhandeln – nicht ein für allemal, sondern immer befristet und mit der Möglichkeit zur Korrektur. Zielvereinbarungen sind also immer von begrenzter Dauer; sie sind mit Anreizen und Sanktionen verbunden, und sie entstehen in einem iterativen Verfahren, das grundsätzlich offen ist für neue Prioritätensetzungen und Zielentwicklungen. Also besteht nach Ablauf eines bestimmten, gemeinsam vereinbarten Zeitraums immer die Möglichkeit, Ergebnisse und ihrer Wirkungsweise zu bewerten und neue Zielvereinbarungen auszuhandeln. Zielvereinbarungen setzen eine regelmäßige Zielüberprüfung voraus, welche die Prämissen, den Fortschritt und die Realisation der Zielvereinbarungen berücksichtigt. Die Resultate der Zielüberprüfung und der Zielerreichung bilden dann die Ausgangsbasis für den Abschluss von Zielvereinbarungen in einer nächsten Runde. Ergebnisse müssen also evaluiert und Zielvereinbarungen in einem engen Zusammenhang mit einem weiteren System der Qualitätssicherung gesehen werden.

Das heißt aber auch, dass die vereinbarten Ziele und Leistungen folgenden Anforderungen genügen müssen: Sie müssen überprüfbar sein, und die Vertragspartner auf der operativen Ebene müssen die vereinbarten Zielwerte oder Maßnahmen mit ihren Kompetenzen und mit den ihnen verfügbaren Mitteln auch tatsächlich erreichen, beeinflussen bzw. durchführen können. Dies erfordert eine auf konkrete Handlungsanliegen fokussierte Auswahl pragmatisch operationalisierbarer, realistischer und in sich weitgehend konsistenter Zielinhalte. Für die jeweiligen Ziele müssen zudem möglichst eindeutige Prüf- und Messkriterien gefunden werden. Dabei kann es sich bei Mengenzielen um relativ einfache quantitative Zielwerte und entsprechende Kennzahlen handeln. Sofern mit Zielvereinbarungen auch Prozesse gesteuert, Aktivitäten stimuliert und Bemühungen honoriert werden sollen, sind quantitative Kennzahlen durch qualitative Indikatoren zu ergänzen, die zielorientierte Aktivitäten – z. B. im Bereich der Qualitätssicherung in der Lehre oder in der besseren strategischen Positionierung von Forschungskapazitäten – abbilden können. In jedem Falle aber ist ein strategisches akademisches Controlling erforderlich, das durch laufende Soll-/Ist-Vergleiche den Grad der jeweiligen Zielerreichung und Faktoren für mögliche Misserfolge offen legt.

Anforderungen an Zielvereinbarungen

Eines muss bei alldem deutlich hervorgehoben werden: Einseitige Ziel- und Leistungsvorgaben ohne gegenseitige Abstimmungen und Vereinbarungen darf es nicht geben, weder innerhalb einer Hochschule zwischen den verschiedenen Leitungsebenen noch im Verhältnis zwischen dem Staat und einzelnen seiner Hochschulen. Schließlich geht es nicht um Zieldiktate, sondern um Kontrakte, also vertraglich vereinbarte Leistungen und Gegenleistungen. Erst dann leisten

Prinzip der Gegenseitigkeit

Zielvereinbarungen das, was in Hochschulen anderweitig nur schwer zu verwirklichen ist: eine enge Verbindung von Managementanforderungen und akademischer Kultur bei der Organisation von hochschulinternen Planungs- und Entscheidungsprozessen. Daher geht es beim Abschluss von Zielvereinbarungen auch nicht darum, Kollegialorgane auszuhebeln. Zielvereinbarungen können *bottom-up* entwikkelt und von Kollegialorganen vorbereitet werden; die Verantwortung für ihre Umsetzung aber ist stets bei Einzelpersonen mit Leitungskompetenzen festzumachen. Dies kommt sinnfällig darin zum Ausdruck, dass Zielvereinbarungen durch persönliche Unterschriften besiegelt werden sollten.

Partizipation

Gruppenhochschule gescheitert

Neben veränderten Wahlmechanismen und neuen Instrumenten der Koordination sind auch neue Formen der Partizipation an Entscheidungen und an der Führung einer Hochschule erforderlich. Selbst wenn es manchen schwer fällt: Man muss sich endlich eingestehen, dass die Gruppenhochschule aus den bereits erwähnten Gründen gescheitert ist. So wichtig und grundlegend demokratische Prinzipien für ein Staatswesen und eine Gesellschaft auch sind – sie können nicht den primären Zweck einer Hochschule darstellen. Demokratie ist allenfalls ein abgeleitetes Ziel, das aber Wissenschaftlichkeit und höchste Qualität nicht konterkarieren darf. Und einzelne Wissenschaftsinteressen müssen sich auch in ein Gesamtinteresse fügen lassen. Sonst untergräbt ein akademischer Individualismus die korporative Hochschulautonomie. Die Alternative liegt daher nicht in einer weiteren, mehr oder weniger undifferenzierten Demokratisierung oder gar in einer Feinziselierung von Gruppenproporzen, Quoten, Paritäten und sonstigen Errungenschaften der ständisch organisierten nach-achtundsechziger Gruppenhochschule. Andererseits wird – und soll – es aber auch in Zukunft nicht ohne eine Mitwirkung von Studierenden und anderen Angehörigen einer Hochschule an Entscheidungen auf den verschiedenen Ebenen gehen. Allerdings nicht streng nach Gruppenproporz auf allen Ebenen und in allen Angelegenheiten, sondern über neue Formen und Wege der Partizipation.

Widerstände

Nun liegt der Bereich der Partizipation in einem fast undurchdringlichen Dickicht aus kritischen Tönen freischwebender Zusammenschlüsse von Studierendenschaften, gesonderten Voten von Gewerkschaftsfunktionären und dialektischen Scharfsinnigkeiten demokratischer Wissenschaftlerbünde. Durch dieses dichte Geflecht von Unwägbarkeiten müssen neue Wege geschlagen werden. Und die Generallinie sollte dabei folgendermaßen aussehen:

Wissenschaftlichkeit als Leitlinie

Gefordert ist zunächst eine Hinwendung und sodann eine Abkehr – eine Hinwendung zum besonderen Auftrag und dem spezifischen Charakter von Hochschulen als *wissenschaftliche* Einrichtungen und eine Abkehr von der derzeitigen Praxis, wonach die Modalitäten der Partizipation an die Zugehörigkeit zu einer Statusgruppe geknüpft sind und in feste Paritäten eingeschlossen werden. Die Hinwendung ist erforderlich, um die Perspektiven richtig zu justieren, nämlich auf die Ableitung der Partizipation von den genuinen Aufgaben wissenschaftlicher Hochschulen; die Abkehr ihrerseits, um denjenigen die Möglichkeit zur Mitwirkung zu eröffnen, die sich *verantwortlich* fühlen und entsprechend handeln, die auf *kompetente* Weise Fragen beantworten und Probleme lösen können und die von den zu klärenden und zu regelnden Dingen direkt oder indirekt *betroffen* sind.

Verantwortung, Kompetenz, Betroffenheit

Verantwortung, Kompetenz, »Betroffenheit« – diese Kriterien sind problem- und sachbezogen; sie sind unabhängig vom jeweiligen Status einer Person oder von ihrer Zugehörigkeit zu einer bestimmten Gruppe. Und gerade deswegen sind sie von besonderer Relevanz. Denn es wäre eine Illusion zu glauben, Professoren seien stets und bei jeder Frage kompetent, Studierende dagegen stets und immer nur betroffen. Unterschiedliche Sachverhalte betreffen auch nicht immer dieselben Personen; sie verlangen zudem ganz unterschiedliche Kompetenzen – kaum aber immer denselben Gruppenproporz. Das aber heißt: Wer für die zu regelnde Angelegenheit Verantwortung trägt, wer die erforderlichen Kompetenzen mitbringt und wer von den Folgen einer Entscheidung in mehr oder weniger direkter Weise betroffen ist, der sollte sich in einem besonderen Maße an der Willensbildung und Entscheidungsfindung beteiligen können.

neue Formen der Partizipation

Dabei muss die Mitwirkung an Entscheidungen nicht zwingend an die Zugehörigkeit zu bestehenden Gremien gebunden sein; sie kann auch in Projektgruppen und im Rahmen von speziellen Arbeitsaufträgen erfolgen. Auch müssen nicht immer dieselben Personen über jede Frage entscheiden, die in ihren Ausschuss gelangt; es können themenbezogen auch weitere Personen aufgenommen oder angehört oder einbezogen werden, die direkter von einer Entscheidung betroffen sind oder besondere Kenntnisse zu ihrer Beurteilung mitbringen. Darüber hinaus bieten Befragungen und empirische Erhebungen die Möglichkeit zur Partizipation, vorausgesetzt, ihre Ergebnisse werden ernst genommen und mit den erforderlichen Konsequenzen versehen. Und schließlich sind die Bereiche für studentische Mitwirkung, wie wir sie heute kennen, keineswegs erschöpft – eine Ausweitung auf Schlichtungsverfahren in Konfliktfällen, die qualitative Überprüfung des Lehrangebots, die Erarbeitung von Studien- und Prüfungsordnungen etc. ist nicht nur denkbar, sondern geradezu erwünscht.

Vielfalt und Phantasie

Weitere Verfahren und Instrumente zur Partizipation an Entscheidungsprozessen – und das heißt zugleich: zur Identifikation mit der eigenen Hochschule – sind also denkbar. Eines machen die hier genannten Beispiele aber deutlich: Organisationsautonomie bringt Vielfalt; sie erfordert aber auch viel Phantasie. Wichtig ist jedoch der Hinweis darauf, woher diese Phantasie letztlich kommen muss, nämlich nicht in erster Linie von außen; und schon gar nicht als Intervention in Form von Gesetzen und Verordnungen – so gut diese auch im Einzelfall gemeint sein können. Gefragt sind hier vielmehr die Hochschulen selbst. Unter dem Dach einer umfassenden Organisationsautonomie muss dort eine neue Organisationskultur entstehen, in der akademische Werte und Traditionen mit Prozessen und Instrumenten eines modernen Wissenschaftsmanagements verzahnt werden. Dies ist keine einfache Aufgabe und schon gar nicht eine der Aufgaben, die sich von heute auf morgen erledigen lassen. Denn Veränderungen in der Kultur einer Organisation erfordern Zeit.

Reformen mit Mut und Phantasie: Universität Mannheim

Mit deutlicher Mehrheit – und unter Nutzung der im Hochschulgesetz des Landes Baden-Württemberg bestehenden Experimentierklausel – hat der Große Senat der Universität im Frühjahr 1999 eine neue Grundordnung verabschiedet und damit der Hochschule eine neue Leitungs- und Entscheidungsstruktur gegeben, einen Universitätsrat eingeführt und sich selbst sowie den Verwaltungsrat abgeschafft.

Kennzeichnend für die neuen Leitungs- und Entscheidungsstrukturen der Universität ist die Trennung der Zuständigkeiten, eine deutliche Reduktion der Entscheidungsinstanzen und -wege sowie die Konzentration von Kompetenzen auf die in der neuen Grundordnung vorgesehenen Gremien. Durch die Einführung eines auch mit externen Mitgliedern besetzten Universitätsrats sichert sich die Hochschule zudem auswärtigen Sachverstand.

Die neue Grundordnung will die Fakultäten durch zusätzliche Entscheidungskompetenzen stärken, die Planungs- und Durchführungskompetenzen des Rektorats verbessern und gleichzeitig echte Kontrollgremien schaffen. Das Ziel ist, die Ressourcen möglichst effizient einzusetzen, Flexibilität zu schaffen und Kosten sowie Entscheidungs- und Handlungsabläufe transparenter zu machen.

Der Senat ist das Entscheidungsgremium in akademischen Angelegenheiten. Außerdem ist er zuständig für die Wahl und auch die Abwahl des Rektors. Alle Aufgaben des bisherigen Großen Senats gehen an den Senat über. Dieser gewinnt durch die Reform an akademischer Kompetenz und wird zum entscheidenden Gremium in allen die Gesamtuniversität betreffenden akademischen Fragen.

Der Universitätsrat wiederum ist zuständig für die Genehmigung der vom Rektorat im Benehmen mit den Dekanen aufgestellten Pläne. Er kontrolliert außerdem die Wirksamkeit und Wirtschaft-

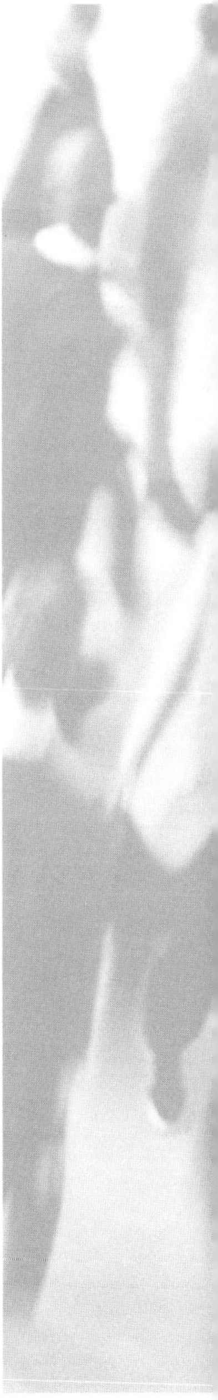

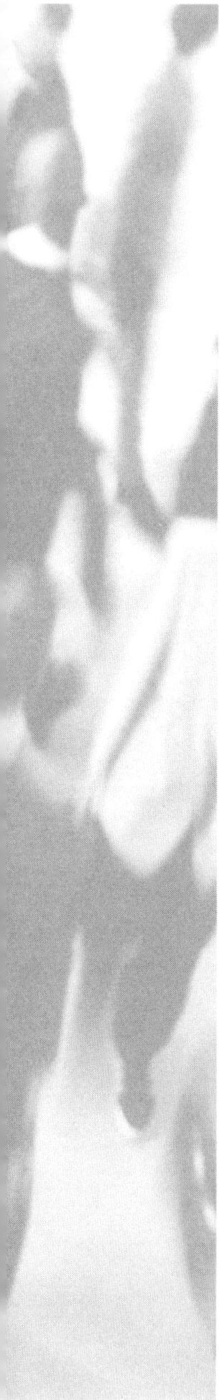

lichkeit der vom Rektorat durchgeführten Maßnahmen und unterrichtet den Senat über das Ergebnis. Dem Universitätsrat gehören 13 Mitglieder an, davon sieben aus der Universität und sechs Externe. Über die Zusammensetzung des Universitätsrats entscheidet der Senat. Die Mitglieder werden vom Ministerium bestellt. Der Universitätsrat ist außerdem zuständig für alle Angelegenheiten, in denen das Ministerium Kompetenzen auf die Universität überträgt. Die Genehmigung von Studien- und Prüfungsordnungen bleibt allerdings als akademische Angelegenheit beim Senat. Die Mitglieder des Rektorats nehmen an den Sitzungen des Universitätsrats teil, haben jedoch kein Stimmrecht. Denn der Universitätsrat ist ein Kontrollorgan für das Rektorat. Daher ist das Rektorat auch bei der Wahl der Mitglieder des Universitätsrats nicht stimmberechtigt.

Das Rektorat besteht aus dem Rektor, bis zu drei Prorektoren und dem Kanzler; es leitet die Universität. Seine wichtigsten Aufgaben sind die Aufstellung des jährlichen Haushaltsplans und des Struktur- und Entwicklungsplans sowie die Zuteilung aller Ressourcen im Rahmen dieser Pläne. Neu ist, dass diese in einem Bottom-up-Prozess entstehen, nämlich in der Diskussion mit den Dekanen der Fakultäten, die zuvor ihren eigenen Haushaltsplan aufgestellt und damit ihre Wünsche und Schwerpunkte formuliert haben. Das Rektorat formuliert daraus einen realisierbaren Haushaltsplan für die gesamte Universität, und es achtet darauf, dass die Ziele aus dem Entwicklungsplan eingehalten werden. Die Universität Mannheim erprobt in diesem Zusammenhang bereits seit zwei Jahren das Instrument der Zielvereinbarungen.

Die Fakultäten werden weit über das übliche Maß hinaus gestärkt. Denn sie entscheiden, welche Ziele sie anstreben, welche Mittel sie zur Erfüllung ihrer Aufgaben und zur Erreichung ihrer Ziele benötigen und sie verteilen die zur Verfügung stehenden Mittel. Damit kommt natürlich auf die Dekane ein hohes Maß an Ver-

antwortung und auch einiges an zusätzlicher Arbeit zu. Daher wird mittelfristig der »hauptamtliche« Dekan angestrebt, der den derzeitigen »nebenamtlichen« Dekan ablösen soll.

Quelle: Universität Mannheim

Organisationsentwicklung ist also mehr als nur die Veränderung von Strukturen; kulturelle Veränderungen sind die Folge, und diese gelingen nur, wenn die Kehrseite moderner Organisationsentwicklung, nämlich eine umfassende *Personalentwicklung,* nicht aus dem Blickfeld gerät. In diesem Sinne ist denn auch für die Hochschulen neben Organisationsautonomie auch eine umfassende Personalautonomie zu fordern.

Personalreform für autonome Hochschulen

Wenn Hochschulen keine eigenständige Personalentwicklungspolitik betreiben können, bleiben die aufgezeigten Reformschritte auf halbem Wege stehen. Aber gerade im Personalbereich stellen starre Regelungen im Beamten- und Besoldungsrecht, im Tarif-, Arbeits- und Haushaltsrecht nicht nur die Leistungsfähigkeit der einzelnen Einrichtungen, sondern auch die des Wissenschaftssystems insgesamt in Frage. Hochschulen brauchen daher – als wesentliches Element ihrer Autonomie – entschieden mehr Freiheit für eine eigene Personalpolitik.

Probleme

Wer kennt sie nicht, die Behinderungen, mit denen das Wissenschaftsmanagement tagtäglich zu kämpfen hat? Da scheitern Berufungen von Spitzenkräften, weil konkurrenzfähige Angebote nicht möglich sind – Gleichbehandlungsgrundsatz und Besserstellungsverbot stehen dem entgegen. Da kollidiert die Projektplanung in der Forschung mit der Laufzeit von Arbeitsverträgen leitender Mitarbeiter, weil geltende Befristungsregelungen Vertragsverlängerungen nicht erlauben. Und da stößt der Personaltransfer zwischen Einrichtungen im öffentlich geförderten Wissenschaftsbereich und der Wirtschaft schnell an Grenzen, weil Ruhestandsregelungen noch während der aktiven Zeit den »Ruhestand« fördern und Mobilität verhindern. Wer also möchte, dass Wissenschaft und Forschung unter Rahmenbedingungen stattfinden, die einer adäquaten Wahrnehmung institutioneller Aufgaben angemessen sind, der muss die Hochschulen aus jenem »Bonsai«-Geflecht aus öffentlichem Beamten-, Arbeits- und Tarifrecht befreien, das eng um sie liegt und vielleicht einen einheitlichen und gleichmäßigen Wuchs befördert – dies aber doch nur *en miniature*, und das ist eben viel zu wenig.

Nachwuchsqualifizierung

Leicht ließe sich die Liste der Hindernisse im Personalbereich fortsetzen, etwa mit dem Hinweis auf die lange Unselbständigkeit von Nachwuchswissenschaftlern in quasifeudalen Abhängigkeitsverhältnissen, auf das hohe durchschnittliche Erstberufungsalter der Professoren und die mangelnde internationale Kompatibilität deutscher Qualifizierungsmuster und Karrierewege, welche die Attraktivität einer Tätigkeit in Wissenschaft und Forschung deutlich schmälern. Letztlich ist die Einsicht aber immer dieselbe: Eine umfassende Personalreform tut not.

Personalautonomie und Personalentwicklung

Gefordert ist damit zweierlei: Zum einen müssen Wissenschaftler und das übrige Personal an Hochschulen so gefördert werden, dass sie ihre Fähigkeiten unter wissenschaftsadäquaten Voraussetzungen so gut wie möglich entfalten können. Dazu sind in erster Linie Qualifizierungsstrukturen und Karrierewege neu zu organisieren. Zum anderen geht es darum, die Handlungsfähigkeit der Hochschulen in personalpolitischen Angelegenheiten so zu erweitern, dass ihnen wichtige strategische Handlungsoptionen eröffnet werden. Dazu benötigen sie eine umfassende *Personalautonomie* auf der Grundlage eines wissenschaftsadäquaten Dienst- und Tarifrechts. Hochschulen brauchen eigene Personalstatute; sie müssen über Dienstherreneigenschaft und Tarifhoheit verfügen und damit umfassende Möglichkeiten für eine aufgabenbezogene Ausgestaltung von Arbeitsverhältnissen im Rahmen von Globalhaushalten erhalten.

Leistungsbezogene Vergütungsregeln

Leistungsorientierung

Im Ergebnis erhalten Hochschulen damit Spielräume, die sie für eine aktive, an institutionellen Aufgabenprofilen und individuellen Leistungen orientierte Personalentwicklung benötigen. Dazu gehört aber auch, dass die Gehälter von Professoren, leitenden Wissenschaftlern und Verwaltungsmitarbeitern in Führungspositionen künftig in der Verantwortung der einzelnen Hochschulen als »Dienstherren« weitaus stärker leistungsbezogen gestaltet werden müssen. Nicht, weil damit angeblich faule Professoren wachgerüttelt werden könnten – Professoren sind ja keine Karnickel, die vorgehaltenen Möhren hinterherhecheln –, sondern weil sich auch an Hochschulen Leistung lohnen muss. Das hat etwas mit der Ehrlichkeit des Systems gegenüber seinen Mitgliedern, aber auch gegenüber sich selbst zu tun.

Denn es ist ja keineswegs so, dass es an deutschen Hochschulen bislang keine Leistungsanreize gäbe. Nur leider *falsch gesetzte Anreize*

allzu oft am falschen Ort. Beispiel Nebentätigkeiten: Diese sind nicht selten attraktiver und lukrativer als der Hauptjob – Beispiel Liquidationsrecht: Hier lohnt sich Leistung wirklich! Nur leider nach dem Prinzip der Individualisierung von Gewinnen bei weitgehender Sozialisierung der Kosten. Wer davon profitiert, wird sich kaum von kleineren Zuschlägen zum Grundgehalt beirren lassen. Größere Einschnitte sind erforderlich, damit die Reform nicht im bloßen Verteilen von »Sahnehäubchen« stecken bleibt.

einheitliches Professorenamt

Ein Schritt in die richtige Richtung wäre das einheitliche Professorenamt ohne automatische Alterszuschläge, aber mit leistungsorientierten Aufstockungen. Diese Zulagen sollten aus hochschuleigenen Mittelpools bezahlt werden, in denen die bisher gezahlten Zuschüsse sowie automatisch gewährten Dienstalterssteigerungen hochschulbezogen zusammenzufassen sind. Aber auch Zuschläge für die Übernahme von Leitungsfunktionen sind erforderlich. Denn die finanzielle »Vergütung« von Leitungsaufgaben an deutschen Hochschulen mit Zuschlägen von 124 DM ist eine hochschulpolitische wie betriebswirtschaftliche Dummheit, und das scheint man inzwischen auch erkannt zu haben. Warum aber Leistungsorientierung nur für Professoren? Wie steht es z. B. mit den Mitarbeitern in der Verwaltung oder an den Lehrstühlen? Auch hier müssen sich Einsatz und Leistung für den Einzelnen lohnen, damit auch andere davon profitieren. »Bitte ein BAT«, reicht da als Lockruf sicher nicht mehr aus.

Neue Strukturen der Nachwuchsqualifizierung

wissenschaftliche Selbständigkeit

Eine der größten Herausforderungen aber liegt im Bereich der Nachwuchsqualifizierung. Hier geht es in erster Linie darum, Nachwuchswissenschaftlern den Sprung in die wissenschaftliche Selbständigkeit zu einem frühen Zeitpunkt zu ermöglichen. Gerade das aber schafft die Habilitation in keiner Weise: Wo Selbständigkeit und die Möglichkeit zur wissenschaftlichen Profilierung gefordert wären, perpetuiert sie die unwissenschaftliche Abhängigkeit. Und wo der frühe und wettbewerblich orientierte Austausch mit der globalen *scientific community* als Qualitätsmerkmal gefragt wäre, verharrt sie in Validierungsritualen einer einzigen Fakultät.

Habilitation als Qualifikationsausweis?

Weder mit den ihr eigenen Qualifizierungsstrukturen noch aufgrund ihrer qualitativen Benchmarks genügt die Habilitation daher ihrem eigentlichen Anspruch als Qualifikationsausweis, der den Zugang zu einer Universitätsprofessur regulieren soll. Daher ist sie zugunsten fach- und aufgabendifferenzierter Karrierewege abzuschaffen, für die insbesondere Assistenzprofessuren mit dem Recht und der Pflicht zu selbständiger Forschung und Lehre sowie mit der Möglichkeit einer unbefristeten Anstellung (*tenure track*) geschaffen werden müssen.

Berufungsverfahren als Validierungsverfahren

Das aber heißt: Nicht mehr die Habilitation, sondern das konkrete Berufungsverfahren muss zum entscheidenden Validierungsverfahren werden, in dem die Qualifikation für die Ausübung einer Tätigkeit als Hochschullehrer überprüft und festgestellt wird. Damit sind einige Vorteile verbunden: Die Qualifikationsfeststellung wird zeitnah mit der Übernahme einer entsprechenden Stelle vorgenommen, so dass es zu einer Kongruenz von Einstellung- bzw. Berufungsverfahren einerseits und Validierungsverfahren andererseits kommt; die Validierung von Qualifizierungsleistungen erfolgt durch den akademischen Arbeitsmarkt – d. h. durch die einstellende oder berufende Fakultät – und nicht mehr durch die »abgebende« Fakultät, wodurch mehr Wettbewerb entsteht und Hochschulen die Möglichkeit zur Profilbildung über eine aktive Personalpolitik erhalten; die Mobilität künftiger Hochschullehrer wird gefördert; und schließlich erfolgt die Qualifizierung im Rahmen der konkreten Berufsausübung und unter Berücksichtigung des *gesamten* Aufgabenspektrums von Hochschullehrern.

Letztlich aber gilt: Für die Übernahme von Aufgaben eines Hochschullehrers ist entscheidend, *dass* ein Bewerber über die entsprechenden Qualifikationen verfügt. *Wo* und *auf welchem Wege* diese Qualifikationen erworben wurden, ist eine Frage von untergeordneter Bedeutung.

Neue Wege der Hochschullehrerqualifizierung: *tenure tracks*

»Es sollten Wege der hochschulinternen Qualifizierung geschaffen werden, die eine wissenschaftliche Weiterqualifizierung im Rahmen der konkreten Berufsausübung (. . .) ermöglichen. Hierzu ist für einen Teil des Hochschullehrernachwuchses die Schaffung von Karrierewegen – oder tenure tracks *– mit entsprechenden Qualifikationsüberprüfungen und Leistungsbewertungen erforderlich. Dies kann im Rahmen einer Umgestaltung der derzeitigen C1/C2- und C3-Stellen erfolgen.*

Empfohlen wird folgendes Modell: Nach Abschluss der Promotion bewerben sich Nachwuchswissenschaftler, die sich für eine Karriere als Hochschullehrer interessieren, auf eine befristete C1/C2-Stelle mit Aufgaben, die das gesamte Aufgabenspektrum von Hoch-

schullehrern (Forschung, Lehre, Selbstverwaltung/Wissenschaftsmanagement) beinhalten, und die dadurch die Möglichkeit zur umfassenden, berufsorientierten und eigenständigen Weiterqualifizierung und Professionalisierung bietet. Diese Qualifizierungsphase tritt an die Stelle der derzeit in den meisten Fächern üblichen Habilitation. Eine Dauerbeschäftigung auf einer C1/C2-Stelle sollte ausgeschlossen sein.

Die Übernahme in ein Beschäftigungsverhältnis nach C1/C2 sollte stets mit einem Wechsel der Hochschule verbunden sein, d. h., promovierte Wissenschaftler, die sich als Hochschullehrer weiterqualifizieren wollen, treten nach dem i. d. R. überdurchschnittlichen Abschluss ihrer Promotion in Konkurrenz auf dem freien akademischen Arbeitsmarkt. Sämtliche C1/C2-Stellen müssen daher öffentlich ausgeschrieben werden; die Auswahl unter den Bewerbern erfolgt durch die anstellende Fakultät und unter Berücksichtigung der dort vorhandenen Lehr- und Forschungsschwerpunkte bzw. bestehender oder geplanter Forschungsstrukturen (z. B. SFB). Eine stellenmäßige Zuordnung zu Lehrstühlen/Professuren erfolgt nicht. Dagegen ist ein persönliches Mentorenverhältnis zu einem oder zwei Hochschullehrern, die eine Mitverantwortung für die weitere wissenschaftliche Entwicklung übernehmen, sinnvoll. Die Verpflichtung zur Mitarbeit in größeren Forschungsstrukturen (SFB) oder Drittmittelprojekten kann vertraglich geregelt werden; Entsprechendes ist bei der Stellenausschreibung zu vermerken.

Wissenschaftlern, die in einem Beschäftigungsverhältnis nach C1/C2 stehen, soll im Rahmen ihrer beruflichen Weiterqualifizierung die Möglichkeit geboten werden, selbständig Forschergruppen zu leiten und eigenständige Forschungsprojekte durchzuführen. Hierzu sind ihnen entsprechende Projektmittel sowie eine Grundausstattung zur Verfügung zu stellen. Vorbild hierfür sind die – insgesamt recht erfolgreich arbeitenden – Nachwuchsgruppen der MPG bzw. die von der DFG geförderten klinischen Forschergruppen.

Gegen Ende der Laufzeit des Arbeitsverhältnisses entscheidet die Fakultät über eine Übernahme in eine befristete Anstellung nach C3, die auch zum Tragen des Titels »Professor« berechtigt. Dabei sind auch auswärtige Gutachter heranzuziehen. Eine unbefristete Anstellung nach C4 sollte zu einem späteren Zeitpunkt an derselben Hochschule bei entsprechender Qualifikation nicht ausgeschlossen sein (. . .).«

Quelle: Ministerium für Wissenschaft, Forschung und Kunst Baden-Württemberg (Hrsg.), Abschlussbericht der Hochschulstrukturkommission Baden-Württemberg, Juni 1998, S. 242–243.

nur Mut . . . zur Reform

Damit sind wesentliche Grundzüge einer in organisatorischen wie personellen Fragen autonomen Hochschule skizziert. Eines sollte dabei deutlich geworden sein: Der Reformbedarf auf den genannten Gebieten – der Organisationsautonomie und der Personalautonomie – ist mit kleinen Korrekturen am Bestehenden und marginalen Veränderungen am Gewohnten nicht in einer angemessenen Weise zu bewältigen. Erforderlich sind vielmehr der Mut und die Bereitschaft aller Beteiligten zur kritischen Überprüfung bestehender Gesetze und Strukturen, Ansprüche und Interessen, Besitzstände und Gewohnheiten. Dabei ist es wesentlich, dass die einzelnen Maßnahmen aufeinander abgestimmt sind und ineinander greifen, damit die mit ihnen angestrebten Veränderungen auch tatsächlich eintreten können.

Hochschulen als lernendes System

Worum es letztlich aber immer geht, ist die Stärkung der Hochschulen und ihrer korporativen Autonomie. Diese ist für die weitere Entwicklung entscheidend – für die Stärkung der Wissenschaftlichkeit unserer Hochschulen, aber auch mit Blick auf eine deutlichere Differenzierung und einer größeren Vielfalt in unserem Hochschulsystem. Insofern brauchen wir entscheidungsfähige und handlungswillige Hochschulen; wir brauchen auch wettbewerbliche Hochschulen, die für sich die jeweils besten Lösungen finden. Dann kommen wir letztlich auch der Realisierung eines Hochschulsystems ein ganzes Stück näher, das »selbst als lernendes System kreativ und entwicklungsfähig ist« (Roman Herzog).

Neue Einheit von Forschung und Lehre: Universität Amsterdam

Dass Autonomie Vielfalt fördert – und zwar gerade auch im Hinblick auf die Zielstellung der Wissenschaftlichkeit von Hochschulen – zeigt das Beispiel der Universität Amsterdam.

1997 erfolgte dort eine Umstrukturierung der ganzen universitären Organisation: Die Hochschule insgesamt wurde noch stärker dezentralisiert, gleichzeitig ist die Fakultätsebene jetzt weiter von der Basis entfernt, da einige Fakultäten zusammengelegt wurden (anstatt 15 nur noch sieben Fakultäten). Zudem wurden die traditionellen Fachbereiche aufgeteilt in Programmeinheiten, nämlich in Forschungsinstitute einerseits und Institute für Lehre andererseits, die von akademischen Direktoren geleitet werden. Hieraus ergibt sich eine Matrixstruktur von Instituten und Departments, die zur Bildung interner Märkte führt:

Grundlage der Matrixstruktur ist die Unterscheidung von Programmverantwortlichkeit *und* Personalverantwortlichkeit *für Forschung und Lehre: Die Programmverantwortung liegt bei Instituten, sie organisieren die einzelnen Studien- und Forschungsprogramme und kümmern sich um die Beiträge, die zur Programmdurchführung erforderlich sind. Es gibt Institute für Forschung, Lehre und* contract

activities. *Die* Personalverantwortlichkeit *liegt bei den* Departments: *Departments fungieren als* human resource reservoir, *sie tragen die Verantwortung für die Weiterentwicklung einer Disziplin.*

Das Zusammenspiel zwischen den beiden Einheiten gestaltet sich folgendermaßen: Das Institut für Lehre bestimmt das Lehrprogramm für ein Fach, z. B. Wirtschaftswissenschaften. Zur Durchführung des Programms werden dann aus dem Department für Wirtschaftswissenschaften Personen angefordert, welche die vorgesehenen Vorlesungen, Seminare etc. halten. Ebenso in der Forschung: Das Institut für Forschung legt die Inhalte, Schwerpunkte etc. eines Forschungsprogramms fest und rekrutiert dazu aus dem Department die entsprechenden Personen. Werden nun aber bestimmte Personen nicht von den Instituten nachgefragt, weil sie schlechte Vorlesungen halten oder uninteressante (oder gar keine) Forschung betreiben, dann hat das Department ein Problem. Denn es ist nicht nur für die Weiterentwicklung des Faches verantwortlich, sondern es trägt auch die Verantwortung für die Personalentwicklung. Der Leiter eines Departments wird demnach bei »Nachfrage«-Problemen Maßnahmen zu deren Behebung einleiten müssen (was wohl bis hin zur Entlassung von solchen Professoren führen kann, die auf dem internen Lehr- und Forschungsmarkt nicht nachgefragt werden).

Die Einkünfte der Institute für Lehre sind abhängig von der Zahl und dem Erfolg all derjenigen, die an dem jeweiligen Institut studieren. Die Veranstalter der Standard-Bildungsprogramme erhalten die entsprechende Summe aus dem zentralen Universitätsfonds. Internationale Programme und viele Weiterbildungskurse werden direkt von den Studierenden bzw. von deren Arbeitgebern bezahlt.

Mit dem Übergang zu einer derartigen Matrixstruktur wird zugleich die Erwartung verbunden, dass Interdisziplinarität gefördert werden kann. So organisieren Lehrinstitute mehrere verschie-

dene Lehrprogramme. Forschungsinstitute sind nicht nur multi-disziplinär, sondern auch inter-universitär, d. h. als Kooperationen verschiedener Universitäten angelegt.

Damit wird deutlich, dass die Einheit von Forschung und Lehre auch in Zukunft zu den Grundfesten der Universität gehört – verstanden allerdings nicht mehr allein und ausschließlich als individuelles Recht, sondern viel stärker als ein konstitutives Element der Korporation Hochschule.

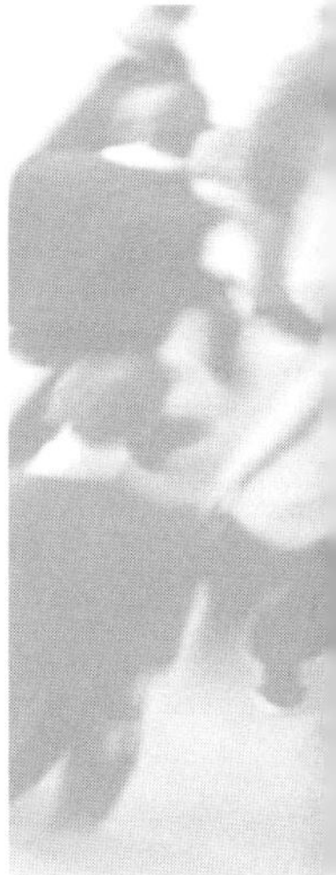

Quelle: Ruud Bleijerveld, One Man, One Vote, in: Proceedings of the 11th International Meeting of University Administrators, 6–10 January 1998, Auckland, New Zealand, published by The Center for Continuing Education, The University of Auckland, 1998, S. 339–354.

Kapitel III

Die wissenschaftliche Hochschule

Die wissenschaftliche Hochschule

Wenn im Zusammenhang mit einem neuen Leitbild für die Hochschule von der Wissenschaftlichkeit von Universitäten und Fachhochschulen die Rede ist, so mag dies zunächst erstaunen. Wie kann eine Hochschule, die diesen Namen verdient, eine nicht-wissenschaftliche Hochschule sein? Wissenschaftlichkeit, so könnte man sagen, ist geradezu ein wesentliches Merkmal – oder ein Merkmal des »Wesens« – von Hochschulen; Wissenschaftlichkeit ist ihr Kern, aber gerade der ist ja nach Meinung mancher ernsthaft in Gefahr.

Wissenschaftlichkeit als Wesensmerkmal

So jedenfalls die bekannte Diagnose von Dieter Simon zum Zustand unserer Hochschulen: »Die deutsche Universität ist ... im Kern verrottet. Sie bedarf einer Neuorientierung. Gefragt ist eine Politik, die das wachstumsgläubige Denken ... ablöst.« Wachstum und der Glaube daran werden als Grund der Verrottung identifiziert. Zu nicht weniger

im Kern verrottet?

morbiden Schlüssen kommt die Diagnose von Jürgen Rüttgers aus dem Jahr 1997: »Humboldts Universität ist tot« und, als wäre das nicht schon genug: »Humboldt ist tot« – für die deutsche Universität eine Feststellung, so weitreichend wie die von Gottes Tod durch Nietzsche. Und wie bei Nietzsche scheint auch hier zu gelten: »Wir haben ihn getötet.«

Nun liegen Tod und Auferstehung bekanntlich eng zusammen. Nekrologie und Reformdiskurs sind zwei Seiten ein und desselben Sprachspiels, dessen Regeln auch hier befolgt werden sollen. Daher zunächst zur Nekrologie.

Entwicklungslinien

Hochschulexpansion

In der Tat hängen viele Probleme mit dem enormen Wachstum der Hochschulen seit dem Ende der 60er Jahre zusammen. Nun wäre es aber verkehrt, im Wachstum allein den Grund für die angebliche Verrottung der Hochschulen zu suchen. Denn die Entscheidung zur Öffnung der Hochschulen für breite Schichten der Bevölkerung war grundsätzlich richtig und für eine wissenschaftsbasierte Gesellschaft unabdingbar. Problematisch ist somit weniger das Wachstum schlechthin als vielmehr die Tatsache, dass dieses Wachstum in falsche Richtungen gelenkt wurde und nicht mit entsprechenden Strukturveränderungen und Anreizsetzungen im Hochschulsystem einherging.

institutionelle Entdifferenzierung

Einige der entstandenen Strukturprobleme seien genannt. Der Hochschulausbau war in erster Linie Universitätsausbau. Dabei wurden viele bislang selbständige, berufsorientierte Hochschulen (pädagogische, landwirtschaftliche Hochschulen) in die Universitäten integriert, was zu einer weitgehenden institutionellen Entdifferenzierung des Hochschulsystems führte. Erst die Gründung von Fachhochschulen trug zur Korrektur der entstandenen Universitätslastigkeit bei. Dennoch gleicht der tertiäre Bildungsbereich noch heute einer auf den Kopf gestellten Pyramide: Etwa 75 Prozent aller Studierenden studieren an den wissenschaftlich-methodisch ausbildenden Universitäten; rund 25 Prozent an den praxisnah ausgerichteten Fachhochschulen und nur ein verschwindend geringer Prozentsatz an den mit der Praxis kooperierenden Berufsakademien, die es zudem nur in einigen Bundesländern gibt.

inhaltliche Entdifferenzierung

Mit der institutionellen Entdifferenzierung verbunden war die Tendenz zu inhaltlichen Entdifferenzierungen. In Fächern mit einer bis dato praxisnahen Ausbildung begann ein Prozess der Angleichung von Ausbildungsstrukturen und -inhalten an die Prinzipien eines Universitätsstudiums: Der auf die Einheit von Forschung und Lehre gestützte Wissenschaftsbegriff, die Orientierung an der Grundlagenforschung und die Heranbildung von Wissenschaftlern wurden auch dort handlungsleitend, wo früher noch der Blick auf die berufliche Praxis üblich war.

Einheitlichkeit als Ziel

So richtig die quantitative Entwicklung auch war, die Chancen zur Förderung der Wissenschaftlichkeit der Hochschulen wurden nicht hinreichend genutzt. Denn vielfach blieben die Veränderungen auf einer eher formalen Ebene stecken und konnten letztlich die eigentlich erforderliche wissenschaftliche Tiefenwirkung nicht entwickeln. Denn das Hauptanliegen der Hochschulpolitik lag nicht darin, Anreize zu schaffen für wissenschaftliche Exzellenz; Differenzierung und Leistungsförderung standen nicht im Vordergrund, schon eher ihr Gegenteil: die Vereinheitlichung des Hochschulsystems – gerade noch differenziert in die beiden Schubladen Universität und Fachhochschule –, die

Wissenschaftlichkeit letztlich normiert und für besondere Profilausprägungen kaum noch Spielraum belässt.

Gründe

Drei Gründe waren für diese Vereinheitlichungsbestrebungen bestimmend: das grundgesetzlich vorgegebene Gebot der Einheitlichkeit der Lebensbedingungen, das im Hochschulbereich über einheitliche Studienverhältnisse realisiert werden sollte; der Irrglaube, alle Hochschulen seien gleich oder müssten es sein; und schließlich der Drang zur Reglementierung des Studiums, das ja bei stark gestiegenen Studentenzahlen zunehmend Ausbildungsfunktionen erhielt und deshalb in detaillierte Ausbildungsordnungen – Rahmenstudienordnungen, Rahmenprüfungsordnungen – gefasst werden musste. Unter derartigen Bedingungen aber mutieren Hochschulen zu staatlichen Anstalten; sie verkommen zu nachgeordneten Behörden einer omnipräsenten Ministerialbürokratie, deren allgemeines Betreuungsamt ihre Wissenschaftlichkeit und autonome Selbstverwaltung unter einer intensiven Prozesssteuerung erstickt.

Symptome staatlicher Regulierung

Einige Symptome enger staatlicher Regulierungen seien erwähnt: die kameralistische Budgetierung, die zwar genau vorgibt, wofür die zugewiesenen Mittel eingesetzt werden dürfen, im Gegenzug aber geradezu ihre Verschwendung fördert (Stichwort »Dezemberfieber«); dienst-, tarif- und beamtenrechtliche Regelungen, die eine flexible Personalpolitik der Hochschulen verhindern und Leistung nicht honorieren; gesetzlich vorgegebene Organisations- und Leitungsstrukturen, die einem effizienten Hochschulmanagement entgegenstehen; eine Regelung des Hochschulzugangs, die alle möglichen, nur keine akademischen Kriterien für die Hochschulwahl oder die Zuweisung eines Studienplatzes zulässt; eine Kapazitätsverordnung, die als Dinosaurier aus wachstumsgläubigen Zeiten über Kapazitäten in den Hochschulen herrscht und in alchemistisch anmutenden Verfahren Köpfe in Sitzflächen verwandelt; die Festschreibung von Studienbedingungen, die ein effizientes und zielgerichtetes Studieren nicht selten verhindern und lange Studienzeiten sowie hohe Abbrecherquoten provozieren; und schließlich Erlasse und Verordnungen zur Organisation und Struktur des Studiums, die aber letztlich nur zu Bürokratisierung führen und die Spielräume für eine eigenverantwortliche Qualitätssicherung beschneiden.

Dies aber sind Entwicklungen, die Humboldt endgültig aus der Universität zu vertreiben scheinen, Eingriffe, unter denen der Patient leidet, stirbt und schließlich – ganz unwissenschaftlich – verrottet.

Perspektiven

überlebensfähige Institution

So viel zur Nekrologie. Wem dies alles zu düster erscheint, der sei schnell beruhigt. Denn die Universität hat sich über die Jahrhunderte ihrer Existenz hinweg als erstaunlich überlebensfähig erwiesen (erfolgreicher war vielleicht nur die katholische Kirche). Und so besteht letztlich doch noch Anlass zur Hoffnung, dass die Verrottung noch nicht ganz so weit fortgeschritten und der Tod vielleicht noch aufzuhalten ist.

Differenzierung . . .

Wenn aber der wissenschaftlichen Hochschule wieder mehr Raum zur Entfaltung gegeben werden soll, dann ist dafür Folgendes erforderlich: *erstens* ein horizontal wie vertikal stärker differenziertes Hochschulsystem, das unterschiedliche Profilausprägungen, Schwerpunktsetzungen und Leistungsgrade kennt und in dem eine weitreichende Autonomie den Hochschulen die erforderlichen Handlungsspielräume eröffnet, die sie zur Herausbildung besonderer Kompetenzen in Forschung und Lehre benötigen. Denn die Wissenschaftlichkeit von Hochschulen hängt auch ganz entscheidend davon ab, ob die Skala möglicher Profilausbildungen nach oben offen ist – oder ob sie gedeckelt ist und die Spielräume für Leistungsdifferenzierung und Kompetenzentwicklung begrenzt.

... und Qualität

Zweitens aber ist erforderlich, dass die *Qualität* von Forschung und Lehre wieder in den Vordergrund der hochschulpolitischen Diskussion rückt und als Leitlinie der Hochschulentwicklung wieder Anerkennung findet. Denn Qualität ist der wichtigste Erfolgsfaktor für wissenschaftliches Arbeiten, und sie bestimmt auch die Fähigkeit von Hochschulen, im Wettbewerb um das beste Personal – um Wissenschaftler und Studenten – erfolgreich zu agieren. Der Präsident der Stanford University, Gerhard Casper, hat auf diesen Aspekt sehr deutlich hingewiesen, als er das *mission statement* oder Leitbild seiner Universität in den einfachen, aber gewichtigen Worten *high quality* zusammenfasste und damit einen wesentlichen Aspekt der Wissenschaftlichkeit von Hochschulen in den Vordergrund rückte.

Wissenschaft und Qualität

Qualität als Prozess

Nun ist aber Qualität nicht einfach vorhanden und greifbar. Qualität ist wie die Wissenschaft selbst »als etwas noch nicht ganz Gefundenes und nie ganz Aufzufindendes zu betrachten und unablässig als solche zu suchen« (Humboldt). Qualität ist ein nicht abzuschließender Prozess – und daher erfordert sie bestimmte Maßnahmen, Regeln und Verfahren, die sie hervorbringen und mit denen sie gesichert werden kann.

In Hochschulen wurde Qualitätssicherung bislang auf der Grundlage mehr oder weniger informeller Verhaltensnormen, gemeinsamer Wertvorstellungen betrieben. Sie gründete in einer akademischen Kultur des intellektuellen Austauschs oder in dem für Wissenschaftler leitenden Kriterium der Exzellenz. Dies sind akzeptierte und praktizierte Elemente der Qualitätssicherung innerhalb der *scientific community*, denen komplementäre Instrumente der staatlichen Hochschulsteuerung gegenüberstehen. Verschiedene Entwicklungen in den vergangenen Jahrzehnten haben jedoch dazu geführt, dass diese Formen der Qualitätssicherung allein nicht mehr ausreichen und folglich nach neuen Formen der Qualitätssicherung im Hochschulbereich gesucht werden muss.

Qualitätssicherung in Hochschulen

Zum einen sind im Zuge der Hochschulexpansion die traditionellen Grundlagen akademischer Selbststeuerung unsicher geworden, da eine bindende und identitätsstiftende Kultur mit gemeinsamen Wert- und Zielvorstellungen nicht mehr als gegeben vorausgesetzt werden kann. *Zum anderen* reicht die Qualitätssicherung im Rahmen der traditionellen Ex-ante-Steuerung, die späteres Handeln und Wirken durch vorher ergriffene Maßnahmen bestimmt, nicht mehr aus. Sichtbarer Ausdruck hierfür ist das Qualitätssicherungsinstrument der Berufung, mit dem ein Wechsel auf die nachfolgenden 25 Jahre ausgestellt wird – und zwar in personeller Hinsicht wie auch mit Blick auf die Ausstattung, die in unbefristeten Berufungszusagen festgeschrieben wird. Bei dynamischen Umweltentwicklungen aber sind Festlegungen über derartige Zeiträume hinweg nicht mehr sinnvoll. Und eine darüber hinausgehende zentrale Steuerung von Hochschulen aus den Ministerien heraus ist mit der geforderten

neue Formen der Qualitätssicherung

Qualitäts-sicherung und Forschungspraxis

Flexibilität und Reagibilität des Systems und einzelner seiner Akteure nicht mehr zu vereinbaren.

Schließlich verlangen aber auch ein gewandeltes Wissenschaftsverständnis und Veränderungen in der Wissenschaftspraxis nach neuen Formen der Qualitätssicherung. Denn die tragende Säule der Qualitätssicherung in der Forschung, nämlich *peer reviews*, muss überdacht werden, wenn es stimmt – und dafür gibt es durchaus gewichtige Anzeichen –, dass ein neuer »Modus 2« der Forschungspraxis sich durchzusetzen beginnt (Michael Gibbons et al.), in dem Forschung nicht länger der Logik einzelner Disziplinen folgt, sondern immer häufiger in Anwendungskontexten und temporären, trans-disziplinären Netzwerken stattfindet. Dann kann Qualitäts-sicherung nicht mehr ausschließlich auf der Basis von (in der Regel disziplinenorientierten) *peer reviews* betrieben werden. Auch müssen im Prozess der Qualitätssicherung weitere *stakeholder*-Interessen berücksichtigt werden, wenn Forschungsförderung – auf nationaler wie auf internationaler Ebene – mit einer deutlicher formulierten Erwartung hinsichtlich der Anwendungs- und Umsetzungsmöglichkeiten von Forschungsergebnissen verbunden wird und wenn Forschungskooperationen im Rahmen von *public-private partnerships* über institutionelle und sektorale Grenzen hinweg an Bedeutung und Relevanz gewinnen. Gerade in diesen Formen der Kooperation wird deutlich, dass der Umsetzungsprozess von Ergebnissen aus der Grundlagenforschung in den Anwendungsbereich immer weniger dem traditionellen linearen Muster folgt, sondern der Anwendungsbezug in wachsendem Maße bereits der Definition von Forschungsvorhaben zugrunde liegt.

Zusätzliche Kriterien und veränderte Verfahren zur Qualitätssicherung sind daher erforderlich, um verschiedenen Interessen, Ansprüchen und Erwartungen auch *außerhalb* einer Disziplin und *außerhalb* der Hochschulen als Institutionen der (Grundlagen-)Forschung hinreichend Rechnung zu tragen. Dann bestimmt sich auch Qualität nicht mehr ausschließlich durch disziplinäre Interessen und Fragestellungen. Vielmehr gewinnen bislang wenig berücksichtigte Aspekte wie die Wettbewerbsfähigkeit von Forschung, das Verhältnis zwischen dem betriebenen (finanziellen) Aufwand und den erzielten bzw. zu erwartenden Ergebnissen ebenso an Bedeutung wie die Verantwortung und Rechenschaftspflichtigkeit von Forschung gegenüber ihrem weiteren gesellschaftlichen Umfeld. Rein forschungs- und disziplinenimmanente Kriterien reichen zur Ermittlung dessen, was unter »guter« Wissenschaft und »guter« Forschung zu verstehen ist, nicht mehr aus.

neue Qualitätskriterien

Damit wird aber deutlich: Qualitätssicherung ist zu einem schwierigeren und äußerst komplexen Unterfangen geworden, das unter Berücksichtigung multidimensionaler Perspektiven betrieben werden muss. Mit zunehmender Komplexität der Umweltentwicklung, mit einer stärkeren Ausdifferenzierung – auf institutioneller wie individueller Ebene – von Aufgaben und Tätigkeitsmerkmalen sowie im Zuge einer Diversifizierung der *stakeholder*-Interessen im Prozess der Generierung und der Verbreitung von Wissen vervielfältigt sich zugleich auch das, was unter Qualität verstanden wird oder verstanden werden kann.

multidimensionale Perspektiven

Qualität und Autonomie

Qualität ist somit mehrdimensional, und ihre Sicherung ist nicht mit einem einzigen Instrument zu bewerkstelligen. Vor allem braucht Qualitätssicherung ein Zielsystem, an

Qualitätsziele

dem Qualität gemessen werden kann. Nun besteht aber eines der größten Defizite in den Hochschulen gerade darin, dass Qualitätsziele bislang nicht oder nur ansatzweise definiert wurden. Dies kann insofern nicht verwundern, als dazu nicht nur das Bewusstsein in den Hochschulen, sondern auch die hochschulpolitischen Voraussetzungen noch weitgehend fehlen, nämlich eine korporative Hochschulautonomie als Grundlage für eigenverantwortliches, ziel- und qualitätsorientiertes Handeln.

Autonomie als Laissez-faire?

Es wäre allerdings verfehlt, zwischen einer erweiterten Hochschulautonomie einerseits und der Qualität von Hochschul-»Dienstleistungen« andererseits einen zwingenden kausalen Zusammenhang herzustellen. Denn es wäre durchaus denkbar, dass mehr Hochschulautonomie eine Gefahr für Qualität bedeutet, da die Gesetzgebung weniger Sicherheiten und Orientierungsmöglichkeiten bietet.

Hierzu ein Beispiel: Dass die Studierenden – neben anderen – zu denjenigen zählen müssen, die von einer erweiterten Autonomie profitieren, steht außer Zweifel. Allerdings hat Autonomie im Bereich von Studium und Lehre den eher negativen Beigeschmack von Laissez-faire, das man in der Regel mit den bekannten Phänomenen wie unkoordinierten Lehrprogrammen, ausfallenden Vorlesungen, mangelnder Betreuung etc. verbindet. Diese Art von »Autonomie« kann nicht gemeint sein. Autonomie muss daher zwingend mit dem Qualitätsaspekt verknüpft werden.

Dabei kann es sich nicht um extern auferlegte, von der Ministerialbürokratie durchgeführte Maßnahmen zur Qualitätssicherung handeln. Qualitätssicherung ist vielmehr eine Aufgabe, die in den Verantwortungsbereich autonomer Hochschulen fällt. Für die staatliche Seite ist allerdings von Bedeutung, dass auf Hochschulseite entsprechende Mechanismen und Verfahren entwickelt und eingesetzt werden. Nicht die Instrumente der Qualitätssicherung, sondern die Tatsache, dass an Hochschulen Qualitätssicherung betrieben wird und dass damit qualitätsverbessernde Ergebnisse erzielt werden, ist für den Staat entscheidend. Dieser Aspekt muss dann in den staatlichen Steuerungssystemen und -instrumenten berücksichtigt werden, wobei insbesondere die »Honorierung« von qualitätssichernden Maßnahmen im Rahmen von Mittelverteilungsmodellen in Frage kommt.

Qualität als Leitmotiv

Erforderlich ist damit zweierlei: *zum einen* ein Hochschulsystem, das auf der Autonomie seiner Hochschulen aufbaut und ihre Wissenschaftlichkeit dadurch unterstützt, dass Qualität zum Leitmotiv der Hochschulentwicklung insgesamt erhoben wird. Hierzu wird ein funktionierendes System von Anreizen und Sanktionen benötigt, das Profilbildung und strategische Zieldefinitionen fördert und auf der Grundlage von Mindeststandards zum verantwortlichen Umgang mit Autonomie verpflichtet. Erforderlich ist *zum andern*, dass Hochschulen ein konsequentes Qualitätsmanagement betreiben, das auf ein bestimmtes Zielsystem ausgerichtet ist und dabei unterschiedliche, aber klar identifizierte und definierte Aufgabenstellungen, Ansprüche und Erwartungen erfüllt.

Dazu muss hochschulintern ein Diskussionsprozess in Gang gesetzt werden, in dem Ziele erarbeitet und offengelegt werden – ein Prozess der strategischen Planung also,

Zielentwicklung und Evaluation

der einer vorhergehenden oder begleitenden *Evaluation* bedarf. Denn Evaluationen ermitteln Stärken und Schwächen – sie identifizieren Erfolgspotentiale für die Zukunft und dienen insofern der *Qualitätssicherung:* Ohne eine kritische Bewertung der Ist-Situation und ohne Vorstellung über die zu erreichenden Ziele kann Qualität nicht in zufriedenstellender Weise geplant, organisiert oder gesteuert werden.

Wissenschaft und gesellschaftliche Verantwortung

Rechenschaftslegung

Dass an Hochschulen Qualitätssicherung betrieben werden muss, und zwar nicht nur mit Blick auf wissenschafts- oder forschungsimmanente Fragestellungen, sondern aus einer mehrdimensionalen *stakeholder*-Perspektive heraus – diese Notwendigkeit wird auch deutlich, wenn man sich die hochschulpolitische Forderung nach Rechenschaftslegung der Hochschulen gegenüber der Gesellschaft vergegenwärtigt. Diese Forderung ist in den vergangenen Jahren in einer sehr viel akzentuierteren Form als zuvor zum Ausdruck gebracht worden, wobei es nicht nur um eine kritische Bewertung dessen geht, was mit den öffentlichen Mitteln in den Hochschulen passiert. Gefragt wird auch, was an den Hochschulen *im Interesse* der Öffentlichkeit geschieht.

Wissenschaft und Gesellschaft

Dies deutet darauf hin, dass sich das Verhältnis zwischen Wissenschaft und Gesellschaft deutlich verändert hat. »Wissenschaftler greifen stärker in den Alltag der Menschen ein. Sie werden immer wichtiger – verlieren aber gleichzeitig etwas von ihrem Mysterium. Wissenschaftler sind keine Priester mehr. Die Gesellschaft fragt respektloser und lauter: Welche Wissenschaft wollen wir? Darauf müssen sich Wissenschaftler einstellen. Sie können sich nicht abschotten« (Richard Brook). Dies gilt nicht nur für einzelne Forscher, sondern auch für Hochschulen als Institution, deren Wissenschaftlichkeit letztlich auch darin zum Ausdruck kommt, dass sie sich in ihrem Tun nach außen öffnet und gegenüber der Gesellschaft Rechenschaft ablegt.

Hochschulen in der Defensive

Hierauf verweist auch der *Economist*, der am 8. Januar 1994 zur wachsenden Bedeutung der Rechenschaftspflichtigkeit von Hochschulen bemerkte: »Vor dreißig Jahren waren die Universitäten unbestreitbar die am meisten verhätschelten Institutionen der Welt. Nun sind die Universitäten überall in der Defensive. Es besteht kein Vertrauen mehr seitens der Regierungen. Sie müssen sich Sorgen machen über zurückgehende Finanzmittel und den Verlust von Einfluss. Nicht mehr und nicht weniger als ein allgemeiner Pendelrückschlag gegen die akademische Welt ist auf dem Vormarsch.«

Gründe

Während somit in früheren Jahren grundsätzlich angenommen wurde, das in die Hochschulen investierte Geld sei sinnvoll angelegt und die dort tätigen Wissenschaftler würden Gutes damit tun, ist dieses Vertrauen in die Hochschulen deutlich geringer geworden. Die Gründe hierfür mögen vielfältig sein: Zum einen spielt sicherlich der Geldmangel in den öffentlichen Kassen eine wichtige Rolle. Zum anderen aber dürfte generell das Vertrauen in die Leistungsfähigkeit der Wissenschaft zur Lösung der politischen, ökonomischen und ökologischen Probleme gesunken sein, nicht zuletzt auch wegen der unterschiedlichen Lösungen, die in der Regel für ein Problem angeboten werden. Und schließlich hat sich mit der Hochschulexpansion die Einbindung von Hochschulen in weitere soziale, politische, wirtschaftliche Zusammenhänge verstärkt, so dass die in sich abgeschlossene, nur nach ihren eigenen Kriterien und Werten funktionierende Gelehrtenrepublik einer zunehmend gesellschaftlich rechenschaftspflichtigen Institution gewichen ist.

value for money

Nun ist dies kein auf Deutschland beschränktes, sondern ein globales Phänomen, das aber eines sehr deutlich macht: Hochschulen haben die Definitionshoheit über die Qualität *ihrer* Leistungen verloren. Daher verwundert es nicht, wenn im Zusammenhang mit der Hochschulfinanzierung immer häufiger und viel direkter danach gefragt wird, was mit dem in die Hochschulen fließenden Geld geschieht (*value for money*) – und wenn zugleich die Forderung erhoben wird, das Geld gezielt dahin fließen zu lassen, wo hochwertige Leistungen erbracht werden.

wissenschafts-orientierte Differenzierung

Damit wird aber nichts weniger als ein Paradigmenwechsel in der Steuerung der Hochschulen bzw. im Verhältnis des Staates gegenüber den Hochschulen eingeleitet, indem nunmehr die Nachfrage und die Wirkung von Wissenschaft und Forschung eine viel größere Rolle spielen und die Steuerung sich in einem stärkeren Maße *ex post* an erbrachten Leistungen orientiert. Dies wiederum ist der Grundstein dafür, dass es wieder zu einer stärkeren und stärker *wissenschaftsorientierten* Differenzierung im Hochschulbereich kommen kann. Denn was sich mit der Hinwendung zu Fragen der Qualität und ihrer Sicherung, mit der Forderung nach Rechenschaftslegung und mit dem Übergang zu leistungs- und ergebnisorientierten Verfahren der staatlichen Mittelverteilung letztlich offenbart, sind die Unterschiede zwischen Hochschulen – Profil-, Qualitäts- und Leistungsunterschiede –, die weniger auf einer formalen und definitorischen Grundlage beruhen als vielmehr aus einem höheren Maß an Eigenverantwortung in der Aufgabenwahrnehmung resultieren.

Evaluation als Modewort?

Wenn sich also ein höheres Maß an Differenzierung im Hochschulbereich abzeichnet, dann ist im nächsten Schritt zu fragen, wie die zu Tage tretenden Unterschiede zu werten und zu bewerten sind. Denn auch Differenzierung ist kein Selbstzweck und kein Wert an sich, der einer kritischen Bewertung und Überprüfung entzogen wäre. Daher ist in diesem Zusammenhang seit einiger Zeit verstärkt von *Evaluation* die Rede – ein Begriff, der als Modewort der 90er Jahre im Hochschulbereich fast für jede reflektierende Aktivität benutzt wird. Viel zu wenig wird aber die Frage reflektiert, was Evaluationen tatsächlich leisten können und sollen, bzw. welche Formen der Evaluation für welche Fragestellungen und Anliegen die »richtigen« sind.

Wissenschaftliche Leistungs- und Ergebnisbewertung: Evaluation

Evaluation zur Qualitätssicherung

Als Instrument der Qualitätssicherung in den Hochschulen sind Evaluationen in erster Linie nach innen gerichtet. Ihre Ergebnisse sind insbesondere für Entscheidungs- oder Organisationsentwicklungsprozesse von Bedeutung. Hierunter fallen auch Aspekte der Strategieentwicklung und strategischen Planung, also der Definition von Profilen und der Entwicklung von Zielen, unter denen qualitätsorientiertes Handeln (künftig) stehen soll. Im Mittelpunkt der Evaluation steht hier also weniger die Qualität von Leistungen selbst – das Evaluationsinteresse ist vielmehr auf vorhandene Verfahren zur Qualitätssicherung gerichtet, die in ihrer Wirkungsweise betrachtet werden. Oder aber es werden strategische Planungen und Konzepte evaluiert – und zwar mit Blick auf ihre Tragfähigkeit als Zielsystem, an dem sich künftiges Handeln orientieren kann. Es geht daher auch nicht darum, alle Einzelheiten des Evaluationsgegenstandes detailliert zu erfassen oder sie möglichst genau in Kennzahlen und quantitativen Dimensionen abzubilden. Im Vordergrund steht vielmehr eine kritische Auseinandersetzung mit Zielen, Planungen oder Absichten, deren Wirkungsweise abgeschätzt und mit Blick auf die mit ihnen intendierten Ergebnisse bewertet werden.

Evaluation zur Rechenschaftslegung

Als Instrument der Rechenschaftspflicht der Hochschulen gegenüber der Gesellschaft steht Evaluation dagegen im Zusammenhang mit der inzwischen recht deutlich geäußerten Erwartung nach mehr Transparenz im Hochschulbereich – und zwar sowohl auf der Angebots- als auch auf der Ergebnisseite, wo es insbesondere um Aspekte der Finanzzumessung im Rahmen von Verfahren der leistungsorientierten Mittelvergabe geht. Als Instrument der Rechenschaftslegung sind Evaluationen somit primär nach außen gerichtet. Sie dienen dem Nachweis von Leistungen gegenüber der Gesellschaft bzw. dem Hochschulträger, und folglich müssen Darstellung und Bewertung von Leistungen genauer und »gerechter« durchgeführt werden.

quantitative und qualitative Verfahren

Damit wird deutlich: Für die unterschiedlichen Zwecke und Zielsetzungen sowie unter Berücksichtigung der differenzierten Zielgruppen und Adressaten von Evaluationen müssen unterschiedliche Verfahren und Instrumente der Evaluation zum Einsatz kommen. Dabei sind in methodischer Hinsicht quantitativ und qualitativ orientierte Verfahren zu unterscheiden. Quantitative Verfahren stützen sich auf Leistungsindikatoren (*performance indicators*) und versuchen, über intersubjektiv überprüfbare Kennzahlen

Aspekte des *Inputs* (z. B. Studentenzahlen), des *Throughputs* (z. B. Zwischenprüfungen, *Dropout*-Quote) und des *Outputs* (z. B. Absolventenzahlen, Studiensemester, Promotionen, Publikationen) statistisch zu erfassen. Dagegen werden bei qualitativen Bewertungen, die in der Regel über *peer reviews* erfolgen, die von der akademischen Gemeinschaft entwickelten und akzeptierten Leistungsstandards in einem letztlich subjektiven Bewertungsprozess zur Beurteilung der Ausbildungssituation, der Qualität der Lehr- und Lernprozesse oder der Forschungsergebnisse herangezogen. Allerdings kommen auch die *peers* ohne gesicherte quantitative Datengrundlage nicht aus. Umgekehrt ergeben die Leistungskennzahlen ohne eine qualitative Interpretation ebenso wenig einen Sinn. Ein Grundsatz muss daher sein, beide Verfahren aufeinander abgestimmt einzusetzen.

»Gutachter«

So unterschiedlich Evaluationen hinsichtlich ihrer Funktion, Methodik und Zielsetzung sein können, so unterschiedlich sind auch die möglichen »Gutachter«, die eine Bewertung vornehmen: Studierende und Absolventen, der Arbeitsmarkt, die Presse, externe Wissenschaftler (*peers*), Unternehmensberater, Wissenschaftsforscher können je nach Interessen- oder »Auftrags-«Lage als Gutachter in Erscheinung treten. Dabei ist selbstverständlich zu unterscheiden, ob es sich um Evaluationen zur Unterstützung qualitätssichernder Bemühungen auf Hochschul- oder Fachbereichsebene handelt oder ob es um Rechenschaftslegung geht. Generell ist allerdings festzuhalten: Jede dieser Gruppen ist in der Lage, jeweils aus unterschiedlicher Sicht einen Teil der Beurteilungsfelder sachkundig abzudecken. Insofern haben sie ihre Berechtigung für die unterschiedlichsten Bereiche und Zwecke.

Ziele

Betrachtet man nun aber die Entwicklung der vergangenen Jahre, so wird deutlich, dass zwischen den Zielen Qualitätssicherung, Rechenschaftslegung und Mittelverteilung nicht immer mit der erforderlichen Deutlichkeit unterschieden wird. Dies ist insbesondere dort der Fall, wo Evaluation als Neuerung empfunden wurde und wo sie die intensivste Diskussion hervorgerufen hat, nämlich in den Bereichen Studium und Lehre. Dies sind im Übrigen auch die Bereiche, in denen der hochschulpolitische Druck auf die Hochschulen am größten und der Ruf nach Rechenschaftslegung bislang am lautesten war.

Evaluation zur Qualitätssicherung

Selbstevaluation

Nun setzen die meisten der in diesem Zusammenhang inzwischen entwickelten Formen der Evaluation zunächst auf die »Selbstheilungskräfte« der Hochschulen, darum stellen Selbstevaluationen ein tragendes Strukturelement im Rahmen von Evaluationsverfahren dar. Dies ist jedoch insofern nichts grundsätzlich Neues: Auch das Kollegialitätsprinzip beruht auf verschiedenen Mechanismen der Selbstevaluation; es baut auf Hierarchiefreiheit auf und funktioniert nach den Regeln der Selbstorganisation und Selbstkontrolle. Diese Selbstkontrolle funktioniert bei einer auf gemeinsamen Wertvorstellungen und Qualitätsstandards beruhenden Organisationskultur zumindest auf der Ebene der Fachbereiche, sie ist aber im Zuge des Wachstums in den 60er und 70er Jahren mehr oder weniger verlorengegangen. Darüber hinaus ist diese Selbstkontrolle bei den Professoren durch die Gruppenhochschule mit ihren knappen Mehrheitsverhältnissen weitgehend außer Kraft gesetzt worden, weil man sich im Zweifel auch um die »schwarzen Schafe« der Zunft scharen musste, um Abstimmungsniederlagen zu vermeiden. Aus diesem Grund scheint eine Fremdkontrolle auch bei Selbstevaluation notwendig zu sein.

Lehrberichte

Fremdkontrolle darf aber nicht verwechselt werden mit Fremdorganisation. Dies scheint jedoch häufig der Fall zu sein, wenn von staatlicher Seite Evaluationen verordnet werden. Dies gilt insbesondere für die Form der Evaluation im Rahmen von Lehrberichten, die einen Versuch darstellen, von außen die Effizienz und Effektivität des Hochschulsystems mit einem aus dem Inneren der Hochschule kommenden Kontrollinstrument zu sichern. Allerdings krankt dieses Instrument daran, dass seine Zielsetzungen so unklar sind, die daran geknüpften Erwartungen dagegen umso größer.

Qualität durch Transparenz

Lehrberichte sollen das instrumentelle Rückgrat von Evaluationsaktivitäten und anderen Bemühungen zur Qualitätssicherung an den Hochschulen bilden. Von ihnen wird mehr Transparenz im Bereich des Lehr- und Studienbetriebs der Hochschulen, Fakultäten und Fächer erwartet. Ihr systemischer Ansatz soll das Blickfeld über die einzelne Lehrveranstaltung und deren Beurteilung hinaus auf Studienabschnitte, Studiengänge sowie Rahmenbedingungen der Ausbildung, von Studien- und Prüfungsordnungen bis hin zu Ressourcen und Lehrmanagement, erweitern. Lehrberichte sollen außerdem über Maßnahmen zur Studienreform, Qualitätssicherung und -verbesserung sowie über Meinungen der Lehrenden und Studierenden zur Ausbildung informieren.

Es zeigt sich allerdings nicht nur bei diesem Instrumentarium, dass Transparenz allein keine kontrollierende Wirkung hat. Da die inhaltliche Zielsetzung der bisherigen

Fremdkontrolle und Selbstkontrolle

Lehrberichte letztlich ebenso diffus ist wie ihr Adressatenkreis (Ministerium, Öffentlichkeit, zukünftige/jetzige Studierende?), ist ihre Wirkung äußerst begrenzt. Darüber hinaus kann zu viel Information wieder zum selben Maß an Intransparenz führen wie gar keine Information. Und schließlich haben sich staatlich angeordnete Lehrberichte immer dem Verdacht zu erwehren, dass sie als Instrument der Mittelkürzung bzw. der Ressourcenumleitung und -umwidmung herangezogen werden, was sich natürlich direkt auf die Freimütigkeit auswirkt, mit der die Berichterstattung seitens der Hochschulen und Fachbereiche wahrgenommen wird. Insofern sind Lehrberichte weniger als Instrument der externen Qualitätskontrolle und schon gar nicht als Mittel zur externen Berichterstattung und Rechenschaftslegung geeignet. Sie können aber als ein Instrument der Selbstkontrolle eines Fachbereichs angesehen werden, das durchaus eine positive Wirkung entfalten kann – wenn die Selbstkontrolle funktioniert.

Evaluation in zwei Stufen

Auf diesen Überlegungen aufbauend, wird neben der Evaluation im Rahmen einer Selbstberichterstattung auch in Deutschland immer häufiger eine Kombination von Selbstevaluation und externer Begutachtung durch *peers* praktiziert. Dabei erstellt der zu evaluierende Fachbereich anhand eines vorher fixierten Fragenkataloges einen Selbstbericht, der den externen Gutachtern als Grundlage für Fragen bei ihren Besuchen dient. Die Ergebnisse der externen Evaluation werden anschließend in einem Evaluationsbericht der Gutachtergruppe zusammengefasst.

Probleme:

– Daten

Nun bringt dieses zweistufige Modell der Evaluation durchaus Probleme mit sich. Bei den Selbstberichten stellt sich heraus, dass die Fachbereiche einerseits erhebliche Schwierigkeiten haben, die erforderlichen Daten zu beschaffen und aufzubereiten. Andererseits fällt es ihnen außerordentlich schwer, fachbereichsbezogene Ziele zu formulieren. In der Regel kommt es im Verlauf des Verfahrens – häufig erstmals seit einer Vielzahl von Jahren – zu einer Zieldiskussion im Fachbereich, die oftmals auch nicht annähernd befriedigend abgeschlossen werden kann. Bei den Evaluationsberichten stellt sich darüber hinaus das Problem der Folgerungen oder Konsequenzen. Hierbei sind neben einem konstruktiven Aufgreifen kritischer Bewertungen alle Formen des Widerstandsverhaltens im Hochschulbereich erkennbar: Man lässt Evaluationen über sich ergehen und »sitzt sie aus«; ein beliebtes Manöver besteht auch darin, die Wissenschaftlichkeit der Verfahren und der Ergebnisse anzuzweifeln; oder aber man schreitet zur »Problemverlagerung mit Warteschleife«, ein Verfahren, das zumindest zeitweilig für Entlastung sorgt und immer auch die Hoffnung nährt, ein Problem oder eine Aufgabe ließe sich dadurch lösen, dass ein anderer sich damit befassen muss und darüber die Lust verliert.

– Ziele

– Widerstand

Evaluation zur Qualitätssicherung an der Universität Dortmund

Im Zuge der Einführung eines neuen Modells für die hochschulinterne Mittelverteilung, das auf quantitativen Leistungsparametern basierte (z. B. Drittmittelvolumen, Anzahl der Prüfungen) wurde an der Universität Dortmund nach einer Entsprechung für die qualitative Beurteilung gesucht.

Ausgehend vom Akademischen Senat, wurde daher ein Verfahren der Evaluation der Fachbereiche eingeführt, welches das niederländische Verfahren mit Selbstbericht und peer review *adaptiert,*

allerdings einige Besonderheiten aufweist. Es handelt sich um ein internes Verfahren, an dem lediglich jeweils zwei bis drei weitere externe Fach-Gutachter teilnehmen. Die übrigen drei Gutachter sind emeritierte Hochschullehrer der Universität Dortmund, die aufgrund ihrer internationalen Reputation und der im bisherigen akademischen Leben an der Universität Dortmund bewiesenen Objektivität und Unabhängigkeit ausgewählt wurden. Im Gegensatz zu den meisten Verfahren in Deutschland werden Forschung, Lehre und die Organisation des Fachbereichs zusammen beurteilt.

Da es sich um ein rein hochschulinternes Verfahren handelt, werden auch nur unterschiedliche Fachbereiche gleichzeitig bewertet, so dass nicht Fächer gleicher Art verglichen werden können. Das gesamte Evaluationsverfahren wird begleitet von einer Arbeitsgruppe »Review-Verfahren« unter dem Vorsitz eines Prorektors, die einerseits den Ablauf metaevaluiert, zum anderen für die Schlussfolgerungen aus den Evaluationen zuständig ist. Damit soll gesichert werden, dass Erkenntnisse der Evaluation nicht aus dem Blick geraten. Fragen der Mittelverteilung werden in diesem Modell (vorerst) nicht thematisiert.

Folgerungen:

– Qualitätssicherung

Aus den bisherigen Erfahrungen mit dieser Form der Evaluation sind einige Folgerungen zu ziehen. *Erstens* kann ein zweistufiges Verfahren ein wirkungsvolles Instrument der Qualitätssicherung in der Hand der Hochschulen darstellen. Dies gilt insbesondere dann, wenn es staatsfern durchgeführt wird und auf der Freiwilligkeit der Hochschulen beruht. Das bedeutet keineswegs, dass Maßnahmen zur Qualitätssicherung die staatliche Seite nicht mehr zu interessieren hätten: *Dass* an den Hochschulen qualitätssichernde Aktivitäten stattfinden, liegt durchaus im Interesse der zuständigen Ministerien, die zur Förderung derartiger

Maßnahmen geeignete Anreize bzw. ein System von Belohnungen und Sanktionen entwickeln können. Die Durchführung von Evaluationen aber muss in der Hand der Hochschulen selbst liegen, wenn sie die intendierten Wirkungen auch tatsächlich entfalten sollen.

– Strategieentwicklung

Zweitens scheint es wesentlich, Evaluationen dieses Typs in einen breit angelegten Prozess der Strategieentwicklung auf Fachbereichs- oder Hochschulebene einzubetten. Das heißt: Der eigentlichen Evaluation muss eine intensive Ziel- und Profildiskussion vorangehen, welche die Bezugspunkte nicht nur für die Bewertung durch externe Gutachter herstellt, sondern auch als Leitlinie für künftiges qualitätsorientiertes Handeln auf Hochschulebene fungieren kann.

– Verbindlichkeit

Und *drittens* ist es unabdingbar, dass Evaluationen und die daraus gewonnenen Erkenntnisse mit Verbindlichkeit versehen werden: Empfehlungen der Gutachter müssen mit Blick auf Möglichkeiten zur Umsetzung geprüft und dann in konkrete Maßnahmen übersetzt werden. Und ihre Verwirklichung muss überprüfbar werden. Denn nur dann wirken Evaluationen tatsächlich verändernd; und nur dann ist von ihnen eine qualitätssichernde Wirkung zu erwarten. Ein geeignetes Verfahren dazu ist der Abschluss von Zielvereinbarungen innerhalb einer Hochschule bzw. zwischen Hochschule und Land, wobei die jeweiligen Vereinbarungen mit entsprechenden Ressourcenzusagen unterfüttert und abgesichert werden können.

Evaluation und Organisationsentwicklung

Damit wird aber deutlich: Als Instrument zur Qualitätssicherung muss Evaluation nach diesem Muster in einen breiteren Prozess der Strategieentwicklung eingebettet werden. Evaluation ist in diesem Zusammenhang auch ein Instrument der *Organisationsentwicklung*, die sich nicht in isolierten Maßnahmen erschöpfen kann, sondern ein koordiniertes und zielgerichtetes Vorgehen verlangt. Eine Stärkung des *korporativen* Elements einer Hochschule gegenüber Einzelinteressen ist dazu ebenso erforderlich wie der Wille zur Profilbildung auf Fachbereichs- bzw. Hochschulebene.

Evaluation, Strategieentwicklung, Profilbildung: Wirtschaftswissenschaftliche Fakultät der Universität Münster

Im Frühjahr 1998 fand eine Evaluation der Betriebswirtschaftlehre an der Universität Münster statt. Die Initiative dazu ging von der Fakultät selbst aus, so dass die Evaluation erst gar nicht in den Verdacht einer Instrumentalisierung durch Dritte kam, die Ergebnisse etwa zum Zweck der Mittelkürzung heranziehen könnten. Das Interesse an den Evaluationsergebnissen lag daher bei den Evaluierten selbst, die sich von einer Evaluation durch externe Gutachter nach vorhergehender Selbstevaluation Orientierungshilfe und externen Sachverstand erhofften. Evaluation war also ein wesentliches Element der Strategie- und Profilbildung der Fakultät, die sich im Vorfeld der Begutachtung intensiv über ihre künftige strategische Orientierung Gedanken machte und ein neues Leitbild – aufbauend auf bestimmten Kernkompetenzen und Erfolgspotentialen – entwickelte.

In methodischer Hinsicht wurden die beiden Komponenten Selbstevaluation und peer review *ergänzt durch umfangreiche empirische Erhebungen bei wissenschaftlichen Mitarbeitern, Studierenden und Absolventen. Die Erhebungsergebnisse waren integraler Bestandteil des Evaluationsdossiers, das den Gutachtern vorgelegt wurde, und sie dienten der Fakultät zugleich als kritisches Korrektiv in Bezug auf das bestehende Selbstbild und die aktuelle Leistungs- und Profileinschätzung.*

Schließlich war in diesem Projekt die Hochschulleitung einbezogen – nicht als Kontrolleur der Fakultät, sondern als ihr Partner, der den exemplarischen Wert des Verfahrens prüfen wollte und mit dem in einem weiteren Schritt und auf der Grundlage der Befunde aus dem Evaluationsprozess ggf. Zielvereinbarungen geschlossen werden sollen. Evaluation stand somit in einem weiteren Kontext der Organisationsentwicklung an der Fakultät und möglicherweise darüber hinaus.

Quelle: DUZ-Special, Hochschulen machen Reform. Innovationsprojekte aus deutschen Hochschulen, Beilage zur DUZ vom 6.2.1998, S. 18.

weitere Instrumente der Qualitätssicherung:

In einem solchen breiteren Zusammenhang müssen auch andere Evaluationsaktivitäten gesehen werden, wenn sie qualitätssichernde Wirkung entfalten sollen. Dies gilt insbesondere für empirische Erhebungen sowie für Befragungen von Studierenden und Absolventen. Wenn diese Evaluationsinstrumente über individuelle Verhaltensänderungen hinaus eine breitere Wirkung entfalten sollen, müssen sie als ein Element eines weiter gefassten Qualitätssicherungssystems betrachtet werden. Dies bedeutet letztlich auch, dass Erhebungen, Umfragen und Lehrveranstaltungskritiken auf übergeordnete und übergreifende Fachbereichs- oder Hochschulziele bezogen werden müssen. Selbstverständlich sind aus den Ergebnissen die erforderlichen Konsequenzen etwa für die Ausrichtung des Lehrprogramms zu ziehen.

– Studenten- und Absolventenbefragung

– Benchmarking

Ähnliches gilt für Vergleiche von ausgewählten Strukturen und Prozessen im Rahmen von Benchmarking-Verfahren, die in direkten Vergleichen ausgewählter Aspekte oder Prozesse den beteiligten Hochschulen ihre Stärken und

Schwächen aufzeigen können. Die Ergebnisse können dann in hochschulinterne Entscheidungen umgesetzt werden, auch wenn nicht immer ein *best practice* ermittelt werden kann. Jedenfalls kann Benchmarking zur Verbesserung der Entscheidungsqualität von Hochschulleitungen betrieben werden, was zu Qualitätsverbesserungen oder Effizienzgewinnen führen kann. Benchmarking ist also ein hochschulinternes Managementinstrument zur Sicherung von Qualität – und zwar auch bei den hochschulinternen Hauptprozessen Forschung und Lehre. Selbstverständlich müssen die Ergebnisse derartiger Vergleiche auf die übergeordneten (Qualitäts-) Ziele ausgerichtet sein, um Relevanz und Aussagekraft zu erhalten.

Qualitätssicherung im Vergleich: Benchmarking

Benchmarking gehört – neben Total Quality Managment *und* Business Process Reengineering (BPR) *– zu den Schlüsselbegriffen aktueller Managementtechniken. Zu Beginn der 80er Jahre in den USA aus der Unternehmenspraxis entstanden und seither von Beratungsfirmen in vielen Feldern und Ländern propagiert und angewandt, verbirgt sich hinter diesem Begriff allerdings weder eine neue Theorie noch eine reine Methodenlehre. Es handelt sich vielmehr um einen sehr pragmatischen Ansatz, Unternehmensaktivitäten durch den systematischen Vergleich mit analogen Aktivitäten in anderen, durchaus auch branchenfremden Unternehmen oder Organisationen, aber auch im eigenen Unternehmen zu optimieren. Das Ziel ist die möglichst effektive und effiziente Gestaltung von Produkten und Dienstleistungen, Organisationsstrukturen und Geschäftsprozessen nach dem Vorbild der in den Referenzeinheiten vorgefundenen* best practices.

Es handelt sich also um die Durchführung eines organisatorischen Lernprozesses mit Hilfe einer systematisch vergleichenden Analyse. Benchmarking zielt dabei wesentlich auf ein Verständnis davon ab, wie und warum Unterschiede entstehen und wie die jeweiligen Spitzenleistungen erbracht werden. Nur so lässt sich nämlich abschätzen, wie die eigene Praxis durch die Übernahme entsprechend angepasster Vorbilder verbessert werden kann.

Wegen seiner flexiblen, nicht-normativen Grundausrichtung ist das Benchmarking *prinzipiell geeignet, Managementprozesse und die Gestaltung von Leistungsangeboten auch im Hochschulbereich zu verbessern. Außerhalb Deutschlands gibt es bereits eine Reihe einschlägiger Aktivitäten mit dem erklärten Ziel* »to measure and promote excellence in university management«. *Pioniercharakter in Deutschland hat der »Benchmarking Club Technischer Universitäten« (BMC).*

Je nach Zielrichtung und Akteuren lassen sich zwei Grundmuster unterscheiden: Zum einen kann eine Hochschule ein Benchmarking *zu einer von ihr selbst definierten Frage durchführen, zu der sie nach einer Ist-Analyse der Gegebenheiten am Ort die für einen Vergleich benötigten Daten und Informationen selbst einholt und aufbereitet. Im anderen Fall bilden Hochschulen einen geschlossenen Kreis zum Austausch und zur gemeinsamen – in der Regel durch eine Geschäftsstelle koordinierten – Aufbereitung vertraulicher Daten. Steht hier die Idee gemeinsamen Lernens durch Daten- und Ideenaustausch im Zentrum, ist es dort das konkrete Interesse an der Verbesserung der eigenen Praxis.*

Quelle: DUZ-Special, Hochschulen machen Reform. Innovationsprojekte aus deutschen Hochschulen, Beilage zur DUZ vom 6.2.1998, S. 22–23.

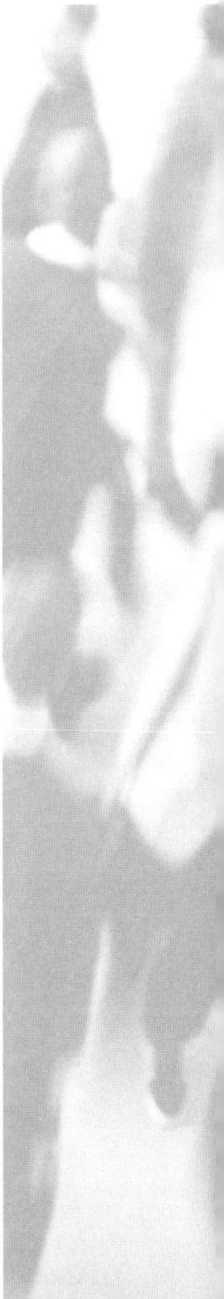

Evaluation zur Rechenschaftslegung und Mittelzuteilung

Betrachtet man nun die »öffentliche Dimension« von Qualität, so kommt der Rechenschaftslegung gegenüber der Gesellschaft als Träger und Finanzier der Hochschulen eine besondere Bedeutung zu. Das Interesse richtet sich dabei insbesondere auf eine detaillierte Darstellung bzw. Feststellung von Ergebnissen und Leistungen, die dann als Grundlage für die Zuweisung von Mitteln herangezogen werden können.

Output-Orientierung

Im Rahmen einer derart output-orientierten Steuerung sind *Peer Reviews* ein nur wenig geeignetes Instrument der Evaluation und Ergebnisfeststellung. Genauere Verfahren und Instrumente sind hier erforderlich, und insbesondere ist die Mittelverteilung selbst so zu konzipieren, dass sie als output-orientiertes Modell eine sehr viel stärkere evaluatorische Funktion und Wirkung entwickelt, als dies bei traditionellen Instrumenten der Ex-ante-Steuerung der Fall ist. Dabei müssen im Rahmen des Modells die »richtigen«, d. h. wissenschaftsangemessene und -kompatible Ziele und Ergebnisse definiert und honoriert werden. Die Einbindung von Hochschulleistungen in ein wissenschaftsgerechtes Zielsystem ist unerlässlich, wenn Modelle der Mittelzuweisung – über die finanztechnischen Aspekte hinaus – auch einen wesentlichen Beitrag zur Stärkung der Wissenschaftlichkeit von Hochschulen leisten sollen.

Modelle der Mittelverteilung

Vor diesem Hintergrund müssen *umfassende* Modelle der Mittelverteilung entworfen und als »Mehrkomponentencocktail« mit einem Volumen-, einem Leistungs- und einem Innovationsteil konzipiert und implementiert werden. Dabei werden die Volumen- und Leistungskomponenten i. d. R. über formelgebundene Zuweisungen realisiert. Der Innovationsanteil hingegen impliziert zumeist diskretionäre Zuweisungen, da gezielte Innovationsanreize über rückwärtsgewandte Indikatormessungen nur schwer zu vermitteln sind. Unterschiede bestehen sowohl im Mischungsverhältnis des Cocktails als auch darin, dass die finanziell honorierten Aufgaben und Leistungen der Hochschulen ganz verschiedene Aspekte beinhalten können.

Mittelverteilung

Zieldefinition

Letzteres zeigt die Abhängigkeit der Modellgestaltung von den zugrunde liegenden politischen Zielen. Dabei fällt auf, dass die derzeit in Deutschland diskutierten Modelle eine im internationalen Vergleich relativ hohe »Zielhaltigkeit« aufweisen. So soll mit den Modellen in Deutschland eine breite Palette hochschulpolitischer Ziele – von der Studienzeitverkürzung bis hin zur Frauenförderung – realisiert werden, was nicht nur zu einer hohen Ziel- und Steuerungsdichte führen kann, sondern auch die Gefahr einer Unterordnung wissenschaftlicher Zielsetzungen unter allgemeinere gesellschaftspolitische Anliegen in sich birgt. In Formelmodellen, wie sie in anderen Ländern praktiziert werden, spielen diese politisch gesetzten Ziele dagegen eine eher untergeordnete Rolle. Dies ist auch das Ergebnis eines Lernprozesses, in dessen Verlauf die anfänglich recht hohen Erwartungen seitens der Politik einer Bescheidenheit bei der Zielformulierung und einer bewussten Reduzierung der politischen Einflussnahme gewichen sind.

Indikatoren

Nun herrscht eine recht hohe Übereinstimmung darüber, welchen Anforderungen die Indikatoren genügen müssen, die im Rahmen einer formelgebundenen Mittelzuweisung verwendet werden. Sie müssen die Möglichkeit zu einer zeitnahen Erhebung bieten, mit einem geringen Erhebungsaufwand verbunden sein, Vergleichbarkeit gewährleisten und schließlich die Nachvollziehbarkeit und Transparenz des Verfahrens wie auch der zugrunde gelegten Indikatoren sicherstellen. Als allgemein praktikabel gelten folgende Indikatoren: Studierende, Absolventen, Promotionen, Drittmittel, bibliometrische Indikatoren, Studienzeiten, Personal.

Rechenschaftslegung

Auf diese Ziele und die den Modellen zugrunde liegenden Indikatoren müssen Hochschulen bei der Darlegung ihrer Leistungen und Ergebnisse reagieren. Das Hochschulmanagement muss durch angemessene Formen der Rechenschaftslegung gegenüber der Öffentlichkeit die Voraussetzungen dafür schaffen, dass die staatliche Seite den Hochschulen die gewünschte finanzielle Priorität einräumt. Dabei ist es insbesondere auch wichtig, die qualitative Dimension in Forschung und Lehre und darauf bezogene Aktivitäten der Hochschule gegenüber der Öffentlichkeit deutlich zu machen.

Logik der Darstellung

Dies bedeutet zum einen, dass nicht so sehr die Ergebnisse aus Evaluationen nach den oben skizzierten Verfahren von Interesse sind – diese sind in erster Linie für die hochschulinterne Qualitätssicherung geeignet –, als vielmehr die Tatsache, *dass* derartige Bemühungen zur »Qualitätssorge« unternommen werden. Nicht die Dokumentation der Ergebnisse, sondern der Bemühungen steht hier im Vordergrund. Zum anderen muss ein Wandel in der Logik der Darstellung vollzogen werden: Wenn, wie bereits erwähnt, die Hochschulen die alleinige Definitionshoheit über die Qualität *ihrer* Leistungen verloren haben und folglich bei der Leistungsbewertung auch Kriterien eine Rolle spielen, die dem öffentlichen Interesse an den Leistungen von Hochschulen in Forschung und Lehre entspringen, dann reichen wissenschaftsimmanente Kriterien nicht mehr aus, um den Anspruch der Hochschulen auf öffentliche Mittel zu legitimieren. Vielmehr müssen die Verfahren der Qualitäts- und Leistungsbewertung im Zuge der Rechenschaftslegung durch ein *merit review* erweitert werden, d. h., Aktivitäten müssen auch über ihren Nutzen für die Gesellschaft begründet werden. Das Berichtswesen einer Hochschule muss also im Sinne eines solchen *merit review* – etwa im Rahmen von Rankings und Hochschulvergleichen – erweitert werden.

Hochschulen im Test

Grundsätzlich ist zu erwarten, dass die öffentliche Dimension von Hochschulleistungen auch in Zukunft eine große Rolle spielen wird. Dies steht keineswegs im Widerspruch zu ihrer Wissenschaftlichkeit, im Gegenteil: Gerade auch der Übergang zu output-orientierten Mittelverteilungsmodellen kann einen wichtigen Beitrag dazu leisten, die Wissenschaftlichkeit von Hochschulen zu fördern und die an wissenschaftlichen Kriterien orientierte Differenzierung im Hochschulsystem nachhaltig zu unterstützen.

Kapitel IV

Die wettbewerbliche Hochschule

Die wettbewerbliche Hochschule

Wettbewerb ist im wissenschaftlichen Bereich keine Erfindung der letzten Tage. Er ist immer Motivationselement für jeden einzelnen Wissenschaftler gewesen, und schon immer ging es darum, etwas besser zu erforschen oder früher zu entdecken. Auch gibt es zwischen den Hochschulen in Deutschland einen deutlich spürbaren Wettbewerb um qualifiziertes Personal und um die besten Forschungsleistungen. Der Wettbewerb im Hochschulbereich wird jedoch erst dann voll zur Entfaltung kommen, wenn er auch die Lehrleistungen und Studienangebote mit einschließt. Das setzt voraus, dass es zu einem Wettbewerb um (die besten) Studienanfänger einerseits sowie um die Arbeitsplätze für die Absolventen andererseits kommt. Allerdings kann es zwischen einheitlichen Produkten keinen Wettbewerb geben. Differenzierung ist erforderlich, und zwar sowohl bei den Hochschulprofilen als auch bei den Lehr- und Studienangeboten.

Qualität

Dabei ist Wettbewerb nicht nur ein Element zur Qualitätsentwicklung im Hochschulbereich. Differenzierung in den Studienangeboten und Wettbewerb zwischen Hochschulen tragen auch dazu bei, die Leistungsfähigkeit einer wissenschaftsbasierten Gesellschaft zu sichern, die ja von der Qualität und den (wissenschaftlichen) Qualifikationen ihrer Bevölkerung lebt. Niemand wird dies ernsthaft bestreiten; aber genauso wenig Zweifel kann darüber bestehen, dass diese Qualifikationen nicht immer und überall dieselben sein können. Erforderlich ist daher eine Weiterentwicklung differenzierter Ausbildungsangebote – und zwar in einem horizontal wie vertikal stärker differenzierten und auf wettbewerbliche Elemente ausgerichteten Hochschulsystem.

Differenzierung

Wahlmöglichkeiten

Denn Differenzierung auf der Grundlage unterschiedlicher Profilausprägungen ist eine wesentliche Voraussetzung für Wettbewerb. Dieser verlangt aber auch ein hohes Maß an Transparenz, damit bestehende Unterschiede erkennbar werden. Und schließlich setzt er voraus, dass Möglichkeiten zur Wahl zwischen mehreren alternativen Angeboten bestehen. In beiden Punkten erweist sich das deutsche Hochschulsystem noch immer als defizitär. Denn nach wie vor sind die Möglichkeiten von Studienbewerbern eingeschränkt, zwischen unterschiedlichen Angeboten an unterschiedlichen Standorten wählen zu können. Eingeschränkt sind aber auch die Auswahlmöglichkeiten der Hochschulen gegenüber Studienbewerbern. Ein Wettbewerb zwischen Hochschulen um die besten Studierenden wird dadurch ebenso ausgeschlossen wie ein Wettbewerb zwischen Studierenden um die besten Hochschulen. Eine Änderung des Hochschulzugangs über das hinaus, was die Novellierung des Hochschulrahmengesetzes von 1998 brachte, ist daher dringend erforderlich.

Hochschulzugang – Reifeprüfung für ein wettbewerbliches Hochschulsystem

Hochschulzugang als Konfliktfall

Kaum ein anderes Thema – Studiengebühren einmal ausgenommen – ist in ähnlichem Maße emotional wie ideologisch vorbelastet wie das einer möglichen Neuordnung des Hochschulzugangs. In emotionaler Hinsicht, da gymnasiale Oberlehrer manchmal viel zu eilig um die Bedeutung ihres Tuns bangen, sobald das Undenkbare denkbar wird: dass man ihrem Urteil nicht mehr (blind) vertrauen und die Reife einer zweiten Prüfung unterziehen könnte; und in ideologischer Hinsicht, da hier zusammenkommen muss, was für viele gar nicht zusammengehört, nämlich Schul- und Hochschulpolitik. Und da man bei nüchterner Betrachtung durchaus zu der Einsicht gelangen kann, dass eine Neuregelung des Hochschulzugangs sinnvoll, wenn nicht gar erforderlich wäre, käme dies einer Aufgabe ideologischer Positionen aus der Vergangenheit gleich, deren Scheitern man sich nur ungern eingestehen möchte.

keine sozialen Barrieren!

Um Missverständnissen von Anfang an vorzubeugen, ist mit Nachdruck zu betonen: Eine Neuregelung des Hochschulzugangs hat nichts mit einem Aufbau sozialer Barrieren oder Selektionsmechanismen zu tun. Es geht auch nicht darum, die Studierendenzahlen zu senken. Vielmehr ist die Reform des Hochschulzugangs eine Notwendigkeit, die sich unter anderem aus den Ergebnissen von zwei gegenläufigen Entwicklungen im deutschen Bildungssystem ergibt, nämlich aus einer starken Differenzierung und Individualisierung des Abiturs bei einer gleichzeitigen deutlichen Entdifferenzierung im Hochschulbereich.

Differenzierung des Abiturs

Dass in der Sekundarstufe II Wahlmöglichkeiten geschaffen wurden, war und ist eine in ihren Grundzügen richtige Entscheidung, die mit dem vielbeschworenen Qualitätsverlust des Abiturs nichts zu tun hat. Richtig war sie deswegen, weil die ideelle Voraussetzung für das alte Abitur, ein genereller Konsens über Inhalte und Umfang der Allgemeinbildung und der Hochschulreife, zerbrach und in einer pluralen Gesellschaft so auch nicht mehr zu halten war (Hans Joachim Meyer). Daher erübrigt es sich auch, in nostalgischer Weise der verloren gegangenen Einheit eines Bildungsideals nachzutrauern und dessen Wiederherstellung einzufordern. Dies kann nicht das Ziel einer zukunftsgerichteten Bildungspolitik sein, die vielmehr von der Tatsache ausgehen muss, dass eine wissensbasierte Gesellschaft gerade von der Vielfältigkeit von Begabungen und Fähigkeiten lebt und Differenzierung, wenn nicht gar eine gewisse Heterogenität des Wissens und der Gesellschaft, zu den Grundvoraussetzungen unserer Existenz am Beginn eines neuen Jahrhunderts gehört. Ob allerdings in allen Bundesländern die Bandbreiten für individuelle Wahlmöglichkeiten mit Blick auf die in einem Hochschulstudium – und damit im Zielsystem – zu bewältigenden Anforderungen richtig definiert wurden, ist eine ganz andere Frage, der nicht näher nachgegangen werden soll. Hier betritt man ideologisch besetztes Terrain, das sich mit rationalen Argumenten nur schwer erschließen lässt.

Abitur zur Reife

Der Schritt zur Differenzierung war also grundsätzlich richtig. Nicht richtig war jedoch, dass aus dieser Entscheidung die bildungspolitischen Folgerungen für das Gesamtsystem nicht gezogen wurden. Dass es *das* Abitur nicht mehr gab, sondern es durch viele Variationen ersetzt wurde, hinter denen keine einheitliche Bildung mehr stand, wurde weitgehend ignoriert. Stattdessen wurde an der Vorstellung des Abiturs als »Reifeprüfung« festgehalten, und zwar ungeachtet der Auflösung eines einheitlichen Bildungsbegriffs und ungeachtet der nunmehr de facto rein quantitativ definierten Bedeutung des Abiturs. Differenzierung wird somit am Ende in der ideellen Einheit der »Reife« wieder aufgehoben, und reif sind letztlich alle, die die Prüfung bestanden haben.

Reife als Konvention

Gewiss war das auch vor der Reform der gymnasialen Oberstufe nicht sehr viel anders. Und auch hier beruhte das, was – idealistisch überhöht – unter »Reife« verstanden wurde, letztlich auf einer Konvention, deren Operationalisierung in Form eines verbindlichen Fächerspektrums erfolgte. Als Mittel und Weg zur Reife war der damit definierte Kanon allgemein akzeptiert und nachvollziehbar – hinter dem Abitur und der mit ihm attestierten »Reife« stand ein verlässlicher Aussagewert, der nicht weiter hinterfragt werden musste. Letztlich war die Definition dieses Bildungskanons – je weiter man zeitlich zurückgeht – auch umso einfacher, da eine einheitlich sozialisierte Bildungsschicht auf einen überschaubaren Disziplinenkatalog von Natur- und Geisteswissenschaften traf.

Reife individuell gestaltbar

Wenn allerdings die Konvention zerbricht und nicht mehr in erster Linie die Leistungen, sondern die *Wege* zur Reife individuell gestaltbar und optimierbar werden, ist das Resultat dieser Entscheidungen nicht mehr unmittelbar nachvollziehbar und muss hinterfragt werden – es sei denn, man glaubt ganz einfach, dass alles schon seine Richtigkeit haben wird. Und wenn jeder – überspitzt, aber nicht ganz unzutreffend formuliert – sich seine Reife selbst konstruieren kann, relativiert sich diese und kann nicht mehr unbesehen als Eingangsticket zu allen Angeboten und Anforderungen der Hochschulen gelten, es sei denn, man unterliegt einem gewissen ideologischen Impetus und glaubt, ungeachtet aller Differenzierungen und Unterschiede, an die Einheitlichkeit und Gleichwertigkeit des schulischen »Produktes«. Denn nur dann lässt sich der Widerstand gegen – wie auch immer geartete – Hochschuleingangsprüfungen rechtfertigen.

Abitur als Rechtstitel

Wer das aber immer noch nicht einsehen möchte, wird schnell eines Besseren belehrt. Dies aber nicht mehr mit dem Hinweis auf den von allen erreichten und angeblich gleichwertigen Grad der Reife, sondern mit der tatsächlich entscheidenden juristischen Natur des Abiturs als einklagbarem Rechtstitel, der als »Hochschulzugangsberechtigung« jederzeit justiziabel ist. Damit zeigt sich das Dilemma unseres gegenwärtigen Abiturs: Nur durch den Rückgriff auf überkommene Formeln kann die Konsequenz aus dem Fortschritt der differenzierten Sekundarstufe verhindert werden: durch die Neuregelung des Hochschulzugangs mit einer Beteiligung der Hochschulen an der Auswahl ihrer Studierenden. Bleibt eine derartige Neuregelung aus, so sind eine weitere Verschärfung der funktionalen Störungen innerhalb des Gesamtsystems sowie eine fehlerhafte Anschlussfähigkeit der beiden Teilsysteme Schule und Hochschule die unausweichlichen Folgen.

Entdifferenzierung des Hochschulsystems

Hochschulen sind in Deutschland wohl einzigartig, weil für sie nicht der biblische Spruch, sondern seine Umkehrung gilt: Wer sehen will, der darf nicht sehen, und wer hören will, der darf das auch nicht. Denn der Hochschulzugang in Deutschland ist in doppelter Hinsicht »blind«: blind gegenüber der Eignung und den Neigungen der Studienbewerber, blind aber auch gegenüber der (durchaus unterschiedlichen) Qualität und den Profilen der Hochschulen selbst.

doppelte Blindheit

Diese doppelte Blindheit ist das Ergebnis einer Hochschulpolitik, die in den vergangenen Jahrzehnten die Verwirklichung einer prinzipiellen Gleichheit aller Hochschulen als ein prioritäres Ziel verfolgte. Daher wurden Studieninhalte und -strukturen in vielen Fächern über den Erlass von Rahmenstudien- und Rahmenprüfungsordnungen stark vereinheitlicht. Dies geschah nicht nur unter Verweis auf das grundgesetzlich vorgegebene Gebot der Einheitlichkeit der Lebensbedingungen, das im Hochschulbereich über einheitliche Studienverhältnisse realisiert werden sollte; maßgeblich war auch die noch immer lebendige Vorstellung, alle Hochschulen (eines bestimmten Typs) seien gleich. Eine inhaltliche Differenzierung von Disziplinen und Fächern an verschiedenen Standorten war daher ebenso wenig erwünscht wie die Binnendifferenzierung innerhalb einzelner Hochschulen oder deren besondere Profilierung über die Entwicklung spezifischer Studienangebote und -möglichkeiten.

inhaltliche Entdifferenzierung

Dieser inhaltlichen Entdifferenzierung steht aber zugleich eine institutionelle Entdifferenzierung gegenüber, die seit den 60er Jahren zur Integration von bislang selbständigen, berufsorientierten Hochschulen (Pädagogische Hochschulen, Philosophisch-Theologische Hochschulen, Medizinische Akademien, Landwirtschaftliche Hochschulen etc.) in die Universitäten geführt hat. Dabei spielten neben sozialen auch regionale Gesichtspunkte – also die Berücksichtigung von bislang »benachteiligten« oder mit Hochschuleinrichtungen

institutionelle Entdifferenzierung

»unterversorgten« Regionen – eine Rolle. Erst mit der Einrichtung von Fachhochschulen erfuhr diese Entwicklung eine Korrektur, wenngleich derzeit von Fachhochschulseite gewisse Anstrengungen zur Angleichung an die Universitäten nicht zu verkennen sind.

zentrale Vergabe von Studienplätzen

Vor dem Hintergrund eines weitgehend entdifferenzierten Hochschulsystems war es durchaus konsequent, dass in Fächern mit Nachfrageüberhang Studienplätze in einem zentralen Verfahren nach sozialen oder regionalen, nicht aber nach akademischen Kriterien vergeben werden können. Dies gilt jedoch nicht nur für Numerus-clausus-Fächer. Denn generell kann es im Rahmen der derzeitigen Regelung des Hochschulzugangs *akademisch* begründbare Entscheidungen für die Wahl eines Studienortes nicht geben. Für Studienbewerber erübrigt es sich, nach einer in akademischer Hinsicht »passenden« Hochschule zu suchen, wenn prinzipiell alle Hochschulen »passen« – nicht nur weil sie (angeblich) alle gleich sind, sondern weil auch alle Studienbewerber (angeblich) die gleichen Voraussetzungen für ein Studium mitbringen, nämlich das Abitur. Eine Überprüfung der Qualifikationen von Studienbewerbern durch die Hochschulen ist daher ebenso wenig erforderlich wie eine Überprüfung der akademischen Qualität oder des besonderen Profils einer Hochschule durch die angehenden Studenten. Hochschulen und Studienbewerber sind also gleichermaßen auf beiden Augen blind: Wer bei sich selbst keine Unterschiede erkennen darf, darf auch bei anderen nicht nach Unterschieden fragen.

Unterschiede, also Differenzierung, in Verbindung mit Profilbildung und Wettbewerbsorientierung ist aber das, was unser Hochschulsystem braucht, und zwar insbesondere in den Bereichen Studium und Lehre und auch als Pendant zur vollzogenen Differenzierung des Abiturs. Dies ist der Punkt, wo Schul- und Hochschulpolitik ineinander greifen müssten, damit ein funktionierendes System entsteht, in dem Hochschulen nicht nur als Empfänger und willenlose Vollstrecker eines von anderen gefällten Votums fungieren. Hochschulen müssen vielmehr als profil- und qualitätsbewusste, als mitgestaltende und damit *verantwortungsvolle* Institutionen in Erscheinung treten können. Mehr Verantwortung kann von den Hochschulen aber nur dann eingefordert werden, wenn sich ihre Rolle nicht in der Funktion eines Anbieters erschöpft, dem die Gestaltung der Zugangskriterien und -bedingungen zu seinen Angeboten fast vollständig entzogen ist und der als einziger im gesamten System bei der Angebotswahl nicht mitzureden hat. Gerade das ist aber derzeit der Fall: Hochschulen sind in unserem System nicht nur blind und taub, sondern auch noch entscheidungsamputiert.

Hochschulen als »willenlose Vollstrecker«?

blind, taub, entscheidungsamputiert

Die Fiktion der Gleichheit

Dass sich das Leitbild für unsere Hochschulen am Beginn eines neuen Jahrhunderts nicht in diesen Merkmalen erschöpfen darf, liegt auf der Hand. Damit sich aber etwas ändert, müssen wir uns endlich von den beiden Fiktionen verabschieden, die noch immer die Hochschulpolitik in weiten Teilen bestimmen, nämlich von der Vorstellung einer prinzipiellen Gleichheit aller Hochschulen wie auch der prinzipiell gleichen Eignung eines jeden Studienbewerbers für jedes Fach an jeder Hochschule. Beide Fiktionen führen dazu, dass Einheitlichkeit statt Differenzierung die Struktur sowie die inhaltliche Ausrichtung des deutschen

für ein Ende der Fiktionen

Hochschulsystems bestimmt – und zwar ungeachtet der tatsächlichen Unterschiede, die es zwischen Hochschulen durchaus gibt.

mehr Wettbewerb!

Nun ist man sich in der hochschulpolitischen Diskussion inzwischen einig, dass Profilbildung, Wettbewerbsorientierung und Differenzierung im Hochschulbereich gefördert werden müssen. Wer das aber will, der darf vor dem Gedanken einer deutlicheren Wettbewerbsorientierung auch beim Hochschulzugang nicht zurückschrecken: Mittelfristig muss es zu einem Wettbewerb der Hochschulen um die Studierenden und zu einem Wettbewerb der Studierenden um die Hochschulen kommen.

doppeltes Auswahlrecht

Dazu ist ein System des doppelten Auswahlrechts erforderlich: Dem Recht der Studienbewerber, ihre Hochschule frei wählen zu können, muss ein Recht der Hochschulen entsprechen, die Studierfähigkeit von Studienbewerbern für ein spezifisches Ausbildungsangebot zu überprüfen. Das Abitur muss also um die Feststellung der Studierfähigkeit für den Studiengang am jeweiligen Studienort ergänzt werden – nicht weil es inzwischen so schlecht geworden wäre, sondern weil für unterschiedliche Anforderungen unterschiedliche Voraussetzungen gelten und diese auch erkannt werden müssen.

Passgenauigkeit

Auswahlrecht des Studenten

Das Ziel einer Neuregelung des Hochschulzugangs liegt somit darin, eine höhere Passgenauigkeit zwischen Studienangeboten und -anforderungen einerseits und Studiennachfrage und Studierfähigkeit andererseits herzustellen. Damit wird es möglich, homogenere Gruppen von Studierenden an einem Ort auf dort für sie besser zugeschnittene Anforderungen treffen zu lassen und ihnen damit bessere Chancen auf einen Ausbildungserfolg zu gewähren. So ist es z. B. möglich, Betriebswirtschaftslehre eher an der Mathematik oder an den Sozialwissenschaften zu orientieren. Sinnvoll wäre es nun, wenn mathematikorientierte Studierende an einen Hochschulort gingen, wo es auch eine mathematisch orientierte Betriebswirtschaftslehre gibt. Hierzu benötigen sie allerdings Informationen über die jeweiligen Fachprofile an den Hochschulen. Die für die Studienentscheidung erforderliche Transparenz muss über »Produkt«-Informationen geschaffen werden.

Hochschulen im Test

Ergänzend zu einem Wahlrecht der Studierenden müssen Hochschulen die Möglichkeit erhalten, für die jeweiligen Studiengänge geeignete Studierende selbst auszuwählen – also diejenigen Studienbewerber, die voraussichtlich von einem Studienangebot den besten Gebrauch machen und dafür die geeigneten Kenntnisse und Fähigkeiten sowie die erforderliche Motivation erkennen lassen (es geht somit nicht darum, vor Studienbeginn vorherzusagen, ob jemand ein guter Arzt, Jurist, Lehrer oder Architekt etc. werden wird). Dass dabei das grundgesetzlich garantierte Recht auf einen Studienplatz gewahrt werden muss, steht außer Frage. Daher ist nach einem verfassungskonformen Modell des Hochschulzugangs zu suchen, der zugleich einen Beitrag zu einer deutlicheren Wettbewerbsorientierung im Hochschulbereich leisten kann.

Auswahlrecht der Hochschulen

Hochschulzugang unter Wettbewerbsbedingungen

Wettbewerb ohne die freie Hochschulwahl für die Studierenden und ohne die Auswahl der Studierenden durch die Hochschulen wird es nicht geben. Eine Neuregelung des Hochschulzugangs muss daher den Wettbewerb der Hochschulen auch um die Studierenden unterstützen – sie muss aber zugleich dem verfassungsrechtlichen Gebot (Artikel 12 GG) einer freien Berufswahl Rechnung tragen.

Art. 12 GG

Vorschlag zur Neuregelung des Hochschulzugangs

»(. . .) den Studienbewerbern [ist] die Möglichkeit zu geben, sich an drei Hochschulen ihrer Wahl direkt zu bewerben. Erst wenn sie an allen drei Hochschulen abgewiesen werden, sollte künftig ein ergänzendes Verteilungsverfahren durchgeführt werden, in dem die Chancen auf einen Studienplatz gesichert und sozialstaatliche Belange berücksichtigt werden. Jeder Studienbewerber erhält so die Möglichkeit, sich an der Hochschule seiner Wahl für einen Studienplatz zu bewerben, der nach seiner spezifischen Ausgestaltung und Schwerpunktsetzung den besonderen Neigungen und Interessen entspricht. (. . .)

Das Abitur muss (. . .) um die Feststellung der Studierfähigkeit für den jeweiligen Studiengang ergänzt werden, da der Studienerfolg nicht allein von den mit dem Abitur nachgewiesenen Kenntnissen und Fähigkeiten abhängt. Auf der Grundlage einzelner Schulfächer, die für das jeweilige Studienfach maßgeblich wären, kann allein keine Aussage über die Erfolgsaussichten in einem bestimmten Studiengang getroffen werden.

Daher müssen zur Sicherung der Qualität der Hochschulausbildung den Hochschulen vom Gesetzgeber fest umrissene Rechte zur Auswahl der Studienbewerber übertragen werden. Auf der Grundlage des Abiturs sollen die Hochschulen mittels sachbezogener Auswahlkriterien, aufgrund von Bewerbungsunterlagen, durch Auswahlgespräche oder Eignungsprüfungen für die jeweiligen Studiengänge geeignete Studierende selbst auswählen. Allerdings wäre eine vollständige Unabhängigkeit der Hochschulen bei der Auswahl der Bewerberinnen und Bewerber verfassungsrechtlich unzulässig. (. . .)

Einer Mitwirkung der Hochschulen an der Entscheidung über den Hochschulzugang steht verfassungsrechtlich nichts entgegen. Grundlegende Anforderungen an die Gestaltung des Auswahlverfahrens und die von den Hochschulen anzulegenden Maßstäbe muss der Gesetzgeber festlegen. (. . .)

Dem verfassungsrechtlichen Gebot der Chancengleichheit wird eine gesetzliche Regelung, die dem Studienbewerber die Chance einräumt, sich direkt an einzelnen Hochschulen zu bewerben, eher gerecht als die derzeitige bürokratische Verteilung (. . .).«

Quelle: Hans Joachim Meyer, Detlef Müller-Böling, Leipziger Erklärung, in: Dies. (Hrsg.), Hochschulzugang in Deutschland. Status quo und Perspektiven, 1996, S. 11–14.

Zahl der Studienplätze

Ebenfalls muss gewährleistet sein, dass die Hochschulen die Anzahl der Studierenden nicht nach ihrem Gutdünken festsetzen dürfen, sondern entsprechend ihrer Kapazität aufnehmen müssen. Es geht in einer wissenschaftsbasierten Gesellschaft ja keineswegs um eine Verringerung der Studierendenzahlen, sondern um eine sinnvollere Zuordnung von spezifischen Profilen der Hochschulen einerseits und individuellen Qualifikationen und Neigungen der Studierenden andererseits. Zu fragen ist daher, wie die Gesamtkapazität einer Hochschule bzw. eines Studiengangs aufgeteilt wird in Studienplätze, die durch die Entscheidungsprozesse der Hochschule zu besetzen sind, und Studienplätze, die denjenigen zugewiesen werden, die an drei Hochschulen ihrer Wahl abgelehnt wurden.

Gestaltungsmöglichkeiten

Eine Möglichkeit hierzu läge darin, die Anteile zentral zu fixieren etwa 50 : 50 oder 80 : 20, wie es jetzt bereits in einigen Fächern mit begrenztem Auswahlrecht praktiziert wird. Denkbar ist aber auch, den Hochschulen selbst die Anteilsbestimmung zu überlassen, damit sie in einer angemessenen Weise auf die Interdependenzen zwischen der Attraktivität und dem Profil eines Studiengangs und der Homogenität der Studierenden reagieren können. Dazu sind die folgenden Fälle denkbar:

1. Die Zahl der hochschulbestimmten Studienplätze wird von der Hochschule gering gehalten, beispielsweise auf 30 Prozent festgesetzt. Dies ermöglicht eine kleine, sehr homogene Gruppe von selbst ausgewählten Studienanfängern, aber eine große Gruppe von Zugewiesenen ohne eindeutiges Studierendenprofil.
2. Die Zahl der hochschulbestimmten Studienplätze wird von der Hochschule hoch angesetzt, beispielsweise auf 90 Prozent. Dies ermöglicht eine große, weniger homogene, aber vielleicht noch in wesentlichen Punkten einheitliche Gruppe von Studienanfängern. Die Gruppe der Zugewiesenen ohne eindeutiges Studierendenprofil ist klein.
3. Bei der Hochschule bewerben sich weniger Studierwillige, als hochschulbestimmte Studienplätze vorhanden sind. Die Hochschule wird die Attraktivität ihres Profils überdenken müssen, um die Bewerberzahl zu erhöhen.
4. Bei der Hochschule bewerben sich mehr Studierwillige, als hochschulbestimmte Studienplätze vorhanden sind. Die Hochschule hat ein attraktives Profil. Sofern die überwiegende Zahl der Bewerber dem Profil entspricht, ist entweder an eine Ausweitung der Kapazität oder an eine weitere Schärfung des Profils zu denken.

Konsequenzen

Die Alternativen zeigen, dass es durchaus möglich wäre, den Hochschulen die Festsetzung der Anzahl hochschulbestimmter Studienplätze (nicht der Gesamtkapazität!) selbst zu überlassen, da sich in der Entscheidung zwischen Homogenität der Studienanfänger, Schärfung des Profils der Hochschule und Attraktivität des Profils ein Gleichgewicht einstellen wird. Und sofern die Transparenz ausreichend ist, ist auch damit zu rechnen, dass sich die Studierenden an den Hochschulen bewerben, wo sie ausreichende Annahmechancen haben. Dies dürfte schon bald dazu führen, dass Zuweisungen nicht mehr notwendig werden, da es gar nicht erst zu einer dreimaligen Abweisung kommt. Zudem wird deutlich, dass es möglich ist, das verfassungsrechtliche Gebot der freien Berufswahl zu erfüllen – niemand wird stärker als nach dem bisherigen Verfahren von seinem Studium abgehalten – und gleichzeitig wettbewerbliche Elemente in unser Hochschulsystem einzubringen.

Kapazitätsberechnung

Neben den bislang aufgezeigten Möglichkeiten ist es aber auch denkbar, dass die Zahl der hochschulbestimmten Studienplätze mit dem Staat ausgehandelt wird. Eine Aushandlung der Studienplätze zwischen Staat und Hochschule scheint auch aus anderen Gründen notwendig zu sein. Denn der Trend bei den Globalhaushalten wird über kurz oder lang nicht vor dem Personalstellenhaushalt Halt machen. Hochschulen werden dementsprechend Globalzuweisungen etwa pro Student erhalten, die sie in Personalstellen umsetzen können oder auch nicht. Damit brechen die Grundlagen der Kapazitätsberechnungen (KapVO) zusammen, die auf einem detaillierten Stellenplan beruhen. Das wird niemand innerhalb der Hochschulen bedauern, der die unrealistischen Prämissen der KapVO erfahren hat. Dazu gehören fiktive Curricularnormwerte oder Dienstleistungsverrechnungen aufgrund von Machtprozessen ebenso wie die Berücksichtigung von Haushaltsstellen statt tatsächlichen Stellenbesetzungen. Die dysfunktionalen Wirkungen zeigen sich darüber hinaus bei Stellenbesetzungssperren, in der rechnerischen Manipulation von Auslastungen statt langfristiger Studiengangskonzeption oder bei Stellenausschreibungen und -besetzungen unter kurzfristigen kapazitativen Gesichtspunkten.

Die Kapazitätsberechnungen beruhen auf Stellenzuweisungen des Staates und sind insofern Ausdruck des bisherigen Systems der Ex-ante-Steuerung, in der der Staat versucht, Qualität in den Hochschulen im Vorhinein über die Zuweisung von Mitteln, Genehmigung von Prüfungsordnungen und Berufung von Professorinnen und Professoren zu sichern. Dieses Steuerungsprinzip wird weltweit abgelöst durch die Ex-post-Steuerung, in der über die Ergebnisse und den *Output* der Vergangenheit zukünftige Qualität gesichert wird. Klarere Zielformulierungen sind hierfür notwendig. Ein Instrument der Ex-post-Steuerung ist die Vereinbarung von Zielen zwischen Staat und Hochschule mit anschließender Überprüfung des Zielerreichungsgrades. Die Anzahl der Studienplätze in den einzelnen Fächern einer Hochschule eignet sich in besonderer Weise für diese Form der Zielvereinbarung. Dabei können dann auch Studienplätze für bestimmte soziale Gruppen fixiert werden, damit dem Sozialstaatlichkeitsgebot Rechnung getragen werden kann. Zusammen mit Globalhaushalten und Mittelzuweisungen, die sich an der Zahl der Studierenden bzw. den Studienplätzen orientieren, würden derartige Zielvereinbarungen die erforderliche Flexibilität in das Hochschulsystem bringen, um auf neue Anforderungen aus der Gesellschaft reagieren zu können.

Alternative: Zielvereinbarungen

Auswahlverfahren durch die Hochschulen

Aufwand und Kosten

Die Frage ist nun aber, wie Hochschulen ihre Studierenden auswählen sollen und welche Verfahren hierzu geeignet sind. Gegen Auswahlverfahren wird häufig der hohe Arbeits- und Verwaltungsaufwand ins Feld geführt. Die Gegenrechnung wird aber in der Regel nicht aufgemacht: Der Aufwand, den das bisherige System bei der Betreuung von Studierenden mit stark differierenden Qualifikationen und Neigungen verursacht, wird ignoriert. Ebenfalls bleiben die Kosten unberücksichtigt, die mit hohen Drop-out-Quoten verbunden sind. Die Frage also ist nicht unberechtigt, ob es tatsächlich weniger aufwendig und darüber hinaus sozial eher gerechtfertigt ist, die Studienbefähigung für ein spezifisches Fach an einem bestimmten Ort erst im Verlauf des Studiums statt zu Studienbeginn zu ermitteln.

Verfahren

Verkannt wird aber auch, dass es eine Reihe verschiedener Verfahren für die Auswahl gibt, die unterschiedlichen Aufwand erfordern und allein oder in Kombination eingesetzt werden können: Einfach nachprüfbare Eingangsvoraussetzungen (z. B. vorherige Berufserfahrung, Absolvierung eines bestimmten Leistungskurses der Oberstufe) können definiert und Abiturnoten gewichtet werden; Bewerber können nach »Aktenlage« etwa aufgrund von erweiterten Bewerbungsschreiben, Gutachten von Lehrern o. Ä. ausgewählt werden; Hochschulen können Tests durchführen oder andere Institutionen damit beauftragen; und schließlich bieten Auswahlgespräche eine Möglichkeit, sich mit den Interessen, Vorstellungen und Qualifikationen von Studienbewerbern intensiver auseinander zu setzen.

Erst die letzten beiden Verfahren sind mit erhöhtem Aufwand seitens der Hochschulen verbunden, wobei Tests allerdings auch – wie etwa in den USA – an hochschulexterne Institutionen delegiert werden können. Grundsätzlich sollte aber die Entscheidung für ein bestimmtes Auswahlverfahren und seine Ausgestaltung den Hochschulen selbst überlassen sein.

Vorteile eines flexibleren Hochschulzugangs

Vorteile . . .

Die Vorteile eines solchen flexibleren Systems des Hochschulzugangs sind offenkundig:

. . . für Hochschulen

Auf der Seite der Hochschulen wird auf diese Weise eine Profilbildung überhaupt erst ermöglicht. Durch die Konzentration auf homogenere Studierendengruppen ist eine qualifiziertere und nicht zuletzt kostengünstigere Ausbildung und Bildung möglich. Die Hochschule wird gezwungen, sich in jedem Studiengang genau über Ziele, Lehrinhalte und Didaktikkonzepte zu verständigen. Dies fördert den korporativen Zusammenhalt und baut den akademischen Individualismus ab, der derzeit weite Teile der Lehre beherrscht.

. . . für Studierende

Auf der Seite der Studierenden kommt es zu einer ihren spezifischen Neigungen und Qualifikationen entsprechenden Ausbildung. Unterschiedliche Begabungen von Studierenden können differenziert gefördert werden. Darüber hinaus treten Studierende gegenüber den Hochschulen als Nachfrager auf. Hochschulen, für die sich keine Studierenden interessieren, müssen ihr Profil und ihr Angebot verändern und attraktiver gestalten. Das ist insbesondere dann der Fall, wenn sich die staatlichen Mittelzuweisungen an den Studierendenzahlen orientieren, was weltweit immer mehr zum Standard wird und auch in Deutschland bereits in immer mehr Bundesländern umgesetzt wird. Damit erhalten Studierende auch ein völlig neues Gewicht innerhalb des Machtgefüges der Hochschule, das sie durch die Gruppenhochschule niemals erhalten haben und auch durch veränderte Paritäten in den Gremien niemals erhalten würden.

Aus staatlicher und verfassungsrechtlicher Sicht ist schließlich zu konstatieren, dass es zu einer besseren Übereinstimmung von Qualifikation und Neigung der Studierenden und den Anforderungen, Schwerpunktsetzungen und Erwartungen der Hochschule kommt. Dies verringert die Drop-out-Quote, wie ja gerade die ausländischen Beispiele zeigen. Damit wird auch dem Verfassungsgebot der optimalen Verwirklichung des Grundrechts auf freie Ausbildung im Hinblick auf Chancenoffenheit und Gerechtigkeit sehr viel besser Rechnung getragen als mit der jetzigen Regelung.

... für den Staat

Wettbewerb und Transparenz

Nun liegt es aber auf der Hand, dass im Rahmen eines Wettbewerbs der Hochschulen um Studierende sowie der Studierenden um die für sie am besten geeignete Hochschule eine ganz neue Dimension der Öffentlichkeit entstehen muss: Nicht nur müssen die Profilelemente von Hochschulen und damit ihre Leistungen, Schwerpunkte und Angebote in Forschung und Lehre deutlicher erkennbar sein, als das derzeit der Fall ist – auch die Studierenden benötigen Orientierungshilfen für die Wahl eines bestimmten Studiums an einer für ihre Interessen besonders geeigneten Hochschule.

neue Öffentlichkeit

Das heißt: Wer Wettbewerb will, der darf auch vor mehr Transparenz nicht zurückscheuen, also vor verbesserten Möglichkeiten zur Information über das, was eine Hochschule und ein Studienangebot besonders auszeichnet. Wettbewerb erfordert also nicht nur Differenzierung sowie hinreichende Möglichkeiten zur freien Wahl; er erfordert auch und vor allem, dass Unterschiede, die zwischen alternativen Angeboten bestehen, wahrgenommen werden können. Erst dann kann Wettbewerb entstehen.

Transparenz

Rankings

Nun ist in den letzten Jahren eine ganze Reihe von Hochschul-Rankings erschienen, mit denen verschiedene Nachrichtenmagazine versucht haben, den Wettbewerb im Hochschulbereich anzuregen und dabei ein wenig Objektivität in die Bewertungen zu bringen – bisher allerdings mit wenig Erfolg. Denn die Akzeptanz in der *scientific community* blieb weitgehend aus; und man konnte sich nicht des Eindrucks erwehren, als stimulierten diese Rankings eher den Wettbewerb zwischen den Magazinen als den eigentlich wünschenswerten zwischen Hochschulen. Den Hochschulen ihrerseits brachten diese Rankings zweierlei: eine heftige Methodendiskussion unter ihren Wissenschaftlern über die Machbarkeit von Rankings sowie die erstaunte Erkenntnis, dass die Öffentlichkeit ihre Leistungen kritisch zu hinterfragen begann.

Probleme

Das Problematische an den bisher durchgeführten Rankings ist allerdings, dass sie verschiedene Dimensionen von Qualität in eine einzige Gesamtnote zusammenfassen, die dann die Qualität einer gesamten Hochschule oder einzelner Fachbereiche wiedergeben soll. Qualität ist aber mehrdimensional und zudem abhängig von der Perspektive und dem Interesse des jeweiligen Betrachters. *Die* beste Hochschule oder *den* besten Fachbereich kann es daher nicht geben, lediglich die beste Hochschule *für* ein bestimmtes Interesse, eine bestimmte Neigung oder einen bestimmten Bedarf.

multidimensionale Vergleiche

Gefragt sind daher *multidimensionale Vergleiche*, die zum einen eine differenzierte Gegenüberstellung von Studienmöglichkeiten und -bedingungen an unterschiedlichen Hochschulstandorten ermöglichen, und die zum anderen einer klaren Funktions- und Zielgruppenbestimmung folgen. Vor dem Hintergrund einer Neuordnung des Hochschulzugangs auf der Grundlage eines doppelten Auswahlrechts ist insbesondere die Frage von Bedeutung, wie die Entscheidung für ein bestimmtes Studienfach an einer bestimmten Hochschule empirisch abgesichert und auf eine solide Basis von Indikatoren gestellt werden kann.

Fokussierung auf Studienwahl

Das bedeutet zunächst, dass der Leistungsvergleich konsequent an den Studienwahlentscheidungen der Abiturienten und Studienwechsler ausgerichtet sein sollte. Daher kann nicht ein wie auch immer geartetes Set von Indikatoren zugrunde gelegt werden, welche die Leistung oder die Qualität von Hochschulen absolut beschreiben würden. Vielmehr ist eine Konzentration auf Indikatoren erforderlich, die plausiblen und relevanten Entscheidungskriterien für die Studienortwahl entsprechen.

Entscheidungsmodell

Im Entscheidungsprozess wird eine Vielzahl unterschiedlicher Informationen mit den eigenen Präferenzen abgeglichen. Ein Hochschulvergleich erfüllt dann seinen Zweck, wenn ein Studienanfänger oder -wechsler, der seine individuellen Präferenzen festgelegt hat, zu diesen Vorstellungen die passende Hochschule findet. Erforderlich ist somit ein Entscheidungsmodell, in dessen Mittelpunkt die Studienentscheidung steht.

Der Studienführer von stern, start und CHE Centrum für Hochschulentwicklung: neun Bausteine für ein Entscheidungsmodell der Studienwahl

Für den Studienführer wurde ein Entscheidungsmodell entwickelt, das bei der Orientierung helfen soll. Ihm liegen Ergebnisse aus verschiede-

nen Teiluntersuchungen zugrunde, mit denen sowohl Fakten (Befragungen von Fachbereichen und Studentenwerken, bibliometrische Analysen, Sonderauswertungen der Deutschen Forschungsgemeinschaft) als auch Einschätzungen (Professoren- und Studierendenbefragungen) erhoben wurden. Das Modell besteht aus den folgenden Bausteinen:

Studienort und Hochschule	**Studierende**	**Studien-ergebnis**
Internationale Ausrichtung	**Studium und Lehre**	**Ausstattung**
Forschung	**Gesamturteil Studierende**	**Gesamturteil Professoren**

Studienort und Hochschule:

Wo fühle ich mich am wohlsten? Für viele ist dies die wichtigste Frage überhaupt. Insgesamt wurden im Studienführer von stern, start *und* CHE *115 Hochschulstandorte untersucht, von den Mietpreisen bis zur Radfahrerfreundlichkeit, von den Öffnungszeiten der Bibliothek bis hin zum Service des Studentenwerks.*

Internationale Ausrichtung:

Wo gibt es Vorlesungen in englischer Sprache? Welche Hochschule bietet gute Chancen für einen internationalen Studentenaustausch? Untersucht wurde, welche Hochschulen sich in diesem Bereich am meisten engagieren.

Forschung:

Fachbereiche, die über viele Drittmittel und Forschungsprojekte verfügen, sind besonders attraktiv für Studenten, die vielleicht gern promovieren möchten. Der Studienführer schlüsselt genau auf, wie viele

Drittmittel pro wissenschaftlichem Mitarbeiter zur Verfügung stehen und wie viel die Professoren veröffentlichen.

Studierende:

Von Bedeutung ist hier die Größe der Fakultäten an den verschiedenen Hochschulen. Auch der Anteil von Erstsemestern und der Frauenanteil wurde erhoben.

Studienergebnis:

Wer sich für eine Hochschule entscheidet, möchte wissen, wie gut die Chancen auf einen erfolgreichen und schnellen Abschluss sind und wie die eigene Examensnote im Verhältnis zum Durchschnitt zu bewerten ist.

Studium und Lehre:

Studienanfänger interessieren sich für die Meinung von Professoren und Studenten über ihren Fachbereich. Deshalb wurden nicht nur Fakten ermittelt, sondern Professoren und Studenten gebeten, ihr Urteil etwa über die Qualität des Lehrangebots, die Betreuung durch Lehrende, den Praxisbezug abzugeben.

Ausstattung:

Die Bibliothek ist wichtig für die Recherche bei Hausarbeiten, Klausuren und Referaten; die Zahl der PC- und Laborplätze entscheidet u. a. darüber, wie zügig man studieren kann. Deswegen wurde die Qualität der Ausstattung untersucht und wurden Professoren und Studenten um ihr Urteil gebeten.

Gesamturteil Professoren:

Professoren wurden gebeten, ein Gesamturteil über die Lehrbedingungen an ihrem Fachbereich abzugeben. Darüber hinaus nannten sie für ihr Fach Hochschulen, die sie ihrer Tochter oder ihrem Sohn empfehlen würden.

Gesamturteil Studierende:

Der beste Insidertip kommt für viele Erstsemester von den Kommilitonen. Sie wurden gefragt, wie sie ihre Studiensituation beurteilen und vergaben die Noten eins bis sechs.

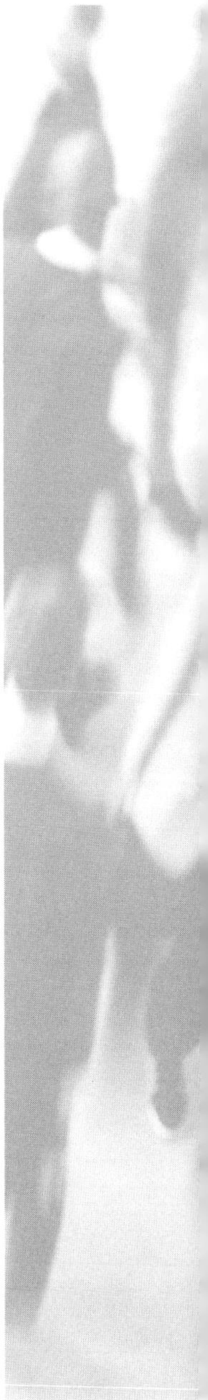

Quelle: stern, start und CHE, Der Studienführer von stern, start und CHE: 566 Fachbereiche im Test. Die Hochschulcharts für Jura, Informatik, Mathe, Physik, Wirtschaft, Chemie, 1999.

Angebots- und Leistungstransparenz

Derartige vergleichende Darstellungen haben darüber hinaus einen überaus wichtigen Nebeneffekt: Wenn differenziert genug vorgegangen und der Versuchung widerstanden wird, pauschale Noten zu vergeben, können sie dazu beitragen, die Angebots- und Leistungstransparenz im Hochschulbereich zu verbessern und die Entwicklung unterschiedlicher Hochschulprofile zu unterstützen. Diejenigen Fachbereiche und Studiengänge, die durch inhaltliche Schwerpunktbildung oder neue Wege der Studienorganisation ein besonderes Angebotsprofil herausgebildet haben, werden in ihrem Konzept bestärkt, andere Hochschulen gleichzeitig zur Profilbildung angeregt.

Letztlich ergibt sich durch die vergleichende Darstellung ein umfangreiches Stärken- und Schwächenprofil jedes Fachbereichs, das wiederum zur internen Diskussion über Qualitätsverbesserungen genutzt werden kann. Die öffentliche Dimension derartiger Hochschulvergleiche kann demnach auch zurückwirken auf hochschulinterne Maßnahmen zur Qualitäts- und Organisationsentwicklung.

Profilentwicklung

Mit multidimensionalen Vergleichen entsteht also eine neue Art der Öffentlichkeit, in der Hochschulen sich positionieren und auch rechtfertigen müssen. Denn wenn Unterschiede deutlich werden, dann erhebt sich zugleich die Frage nach den Ursachen für diese Unterschiede. Leistungen und Ergebnisse werden auf diese Weise ebenso transparent und hinterfragbar wie die jeweils geltenden Voraussetzungen – z. B. standortspezifische Faktoren oder besondere Ausstattungsmerkmale –, welche die Leistungserstellung beeinflussen. Damit wird aber eines deutlich: Das Hochschulsystem wird wettbewerblicher und transparenter. In einem derartigen System wird es aber für einzelne Hochschulen wichtig, besondere Profile herauszubilden und sich in einer unverwechselbaren Weise strategisch zu positionieren. In einem wettbewerblichen Hochschulsystem sind also strategisch orientierte und profilierte Hochschulen gefragt.

Kapitel V

Die profilierte Hochschule

Die profilierte Hochschule

Autonomie und Profilbildung

Wer eine wettbewerbliche Hochschule will, muss auch eine profilierte Hochschule wollen – eine Hochschule, die Akzente setzt, Stärken entwickelt und mit einem besonderen »Leistungsportfolio« in Erscheinung tritt. Dabei heißt es bei der profilierten Hochschule Abschied nehmen von der Universalität der Universität im Sinne der Gemeinschaft aller Wissenschaften unter dem Dach einer einzigen Institution. Das fällt uns nicht schwer, denn der Abschied von der Volluniversität ist bereits seit langem vollzogen. Schwerer fällt vielleicht manchen der Abschied von der lange dominierenden Fiktion, alle Hochschulen seien gleich oder müssten es sein. Zwar ist dies bereits heute nicht mehr der Fall, aber unter dem Vorzeichen einer erweiterten Hochschulautonomie und in Zeiten eines zunehmenden Wettbewerbs werden die Unterschiede zwischen Hochschulprofilen noch viel deutlicher in Erscheinung treten *müssen*.

Ziel- und Strategieentwicklung

Das aber heißt: Hochschulen müssen sich im nationalen wie auch im internationalen Rahmen in einer jeweils spezifischen Weise positionieren; Hochschulen und ihre Fachbereiche müssen in verstärktem Maße Profile entwickeln und sich auf gemeinsame Ziele und Strategien verständigen. Profilbildung wird nicht ohne Strategieentwicklung zu haben sein – und beide erfordern eine umfassende Hochschulautonomie in organisatorischer, finanzieller und personeller Hinsicht. Die Profil- und Strategieentwicklung kann jedoch nur dann erfolgreich sein, wenn sie auf der Grundlage des *wissenschaftlichen* Charakters von Hochschulen erfolgt und wenn diese ihren besonderen Leistungsauftrag als Einrichtungen der Wissenschaft zur Richtschnur der Profilentwicklung machen. Denn Profilbildung öffnet keineswegs das Tor zur Beliebigkeit, im Gegenteil: Auch Profilbildung steht unter dem Primat der Wissenschaftlichkeit einer Hochschule. Und daher kann auch sie sich nur in gewissen Bandbreiten bewegen.

Strategische Planung in Hochschulen

bislang: additive Wachstumsplanung

Hochschulen werden in Zukunft verstärkt strategische Planung betreiben müssen. Nun ist es keineswegs so, dass bisher an den deutschen Hochschulen oder im Hochschulsystem insgesamt keinerlei Planung betrieben wurde, d. h. nicht nach zukunftsträchtigen Lehr- und Forschungsfeldern gesucht worden wäre. Allerdings erfolgten diese Überlegungen in erster Linie im Rahmen einer quantitativen Wachstumsplanung, bei der neue Studiengänge und Forschungsschwerpunkte jeweils mit zusätzlichen Kapazitäten aufgebaut wurden. Veränderungen waren in der Regel nur mit mehr Geld zu erreichen, was nicht selten zu einer eher additiven Entwicklung führte. Eine »Kultur der Schließungen« (Dagmar Schipanski) konnte – und musste – sich dabei nicht entwickeln. Darüber hinaus waren wesentliche Entscheidungsebenen außerhalb der Hochschulen angesiedelt, wodurch sehr lange Entscheidungswege entstanden – vom Fachbereich über die Hochschule zum Wissenschaftsministerium und zum Finanzministerium und von dort ins Parlament – und sich eine staatliche »Fernsteuerung« der Hochschulen herausbilden konnte.

künftig: strategische Entwicklungsplanung

Insgesamt ist die bisherige strategische Entwicklung kennzeichnend für Organisationen in sehr stabilen Umwelten mit geringen bzw. sehr langsamen Anpassungsnotwendigkeiten. Niemand wird bestreiten wollen, dass sich diese Voraussetzungen für Hochschulplanung und -entwicklung in den vergangenen Jahren nicht geändert hätten – nicht nur aufgrund der Restriktionen in den öffentlichen Kassen, die für jeden im Hochschulbereich sehr deutlich spürbar sind, sondern auch aufgrund der rasanten Entwicklung in der Wissenschaft selbst: Über disziplinäre, institutionelle und geographische Grenzen hinweg entstehen neue Forschungsfelder mit Fragestellungen von hoher Aktualität, während im Gegenzug andere Gebiete wieder an Bedeutung verlieren. Entwicklungen im Bereich der Informationstechnologie eröffnen neue Perspektiven in der Forschung und in der Lehre, die bestehende Strukturen und Organisationsformen als revisionsbedürftig erscheinen lassen. Und die Entwicklungen auf dem Arbeitsmarkt verlangen nach veränderten Qualifikationen und Ausbildungsprofilen, welche die Anpassungsnotwendigkeiten im Bereich der Studienstrukturen deutlich werden lassen.

In einer derart dynamischen Umwelt werden die Flexibilität des Systems und die Reagibilität einzelner Institutionen

Flexibilität und Reagibilität als Leitlinien

zu einer überlebenswichtigen Notwendigkeit. Diese setzt zum einen eine deutliche Erweiterung der institutionellen Autonomie von Hochschulen und damit ihrer Eigenverantwortlichkeit in zentralen Entscheidungsbereichen voraus; zum anderen und im Gegenzug unterstreicht dies auf Hochschulseite die Notwendigkeit, die Instrumente und Verfahren der Planung, der Entscheidungsfindung und der Entscheidungsdurchsetzung so zu verändern, dass eine erfolgreiche Positionierung in einer dynamischen Umwelt möglich wird.

Autonomie: Grundlage für strategische Planung

Letztlich aber bedeutet dies: Planungs- und Entscheidungskompetenzen müssen an die Hochschulen selbst verlagert werden. Hochschulen müssen in der Lage sein, in allen Bereichen eigene Prioritäten zu setzen und entsprechende Posterioritäten zu bestimmen, um auf dieser Grundlage unverwechselbare, erfolgsorientierte und wettbewerbsfähige Profile zu entwickeln. Dies erfordert den Aufbau von Kompetenzen in der strategischen Planung – und zwar jenseits der bislang praktizierten Formen einer überwiegend quantitativ ausgerichteten Hochschulentwicklungsplanung.

Ökonomisierung der Hochschulen?

Nun weckt dieser Hinweis auf die Notwendigkeit strategischer Planung sicherlich das Unbehagen all derer, die gern ihren hoch(schul)moralischen Zeigefinger erheben und davor warnen, Hochschulen mit Wirtschaftsunternehmen zu verwechseln. Gewiss: Hochschulen sind keine Wirtschaftsunternehmen, insofern als die Verfolgung von Gewinnerzielungsabsichten nicht zu ihren Aufgaben gehört. Wenn es aber um die für Unternehmen überlebenswichtige Notwendigkeit geht, klare Ziele zu definieren und diese möglichst umfassend und auf effiziente Art und Weise zu erreichen, dann sieht die Sache schon ganz anders aus: Denn auch Hochschulen verfolgen Ziele und Effizienz, bzw. ressourcenschonender Einsatz von Mitteln sollte auch für sie kein fremder Gedanke sein.

»unvermeidliche Normalität« der Hochschulen

Dies sind Aspekte jener »unvermeidlichen Normalität« (Sijbolt Noorda) der Hochschulen, die sie nicht völlig gegenüber Managementpraktiken und -erfahrungen aus anderen Arbeitsbereichen, auch nicht denen der Wirtschaft, immunisiert. Mit einer Ökonomisierung der Hochschulen, vor der ja so gerne gewarnt wird, hat dies aber nichts zu tun, wohl aber mit der Frage, wie sich Hochschulen erfolgreich und mit wettbewerbsfähigen Profilen positionieren können.

Strategische Planung: Grundlagen und Voraussetzungen

Zielbündel der strategischen Planung

So unbestreitbar es also ist, dass Hochschulen keine Wirtschaftsunternehmen sind, so wenig ist wohl zu bezweifeln, dass die Zielbündel, welche die Theorie der Strategieplanung kennt, auch für die strategische Planung und Positionierung von Hochschulen von Bedeutung sind. Es sind dies die Ziele *Liquidität, Erfolg* und *Erfolgspotentiale*. Alle drei Ziele müssen verfolgt werden, wenn eine Organisation über kurz oder lang überleben will – und dies gilt auch für Hochschulen, wobei selbstverständlich ihre besondere Aufgabenstellung als Einrichtungen der Wissenschaft zu berücksichtigen ist.

1. Liquidität

Liquidität, d. h. Zahlungsfähigkeit, ist die Grundvoraussetzung für eine Organisation, die wirtschaftlich aktiv ist. Dazu gehören Hochschulen zweifellos, denn sie sind Arbeitgeber, sie kaufen Geräte, Maschinen und Verbrauchsmittel, sie verfügen über einen Etat von bis zu einer Milliarde DM

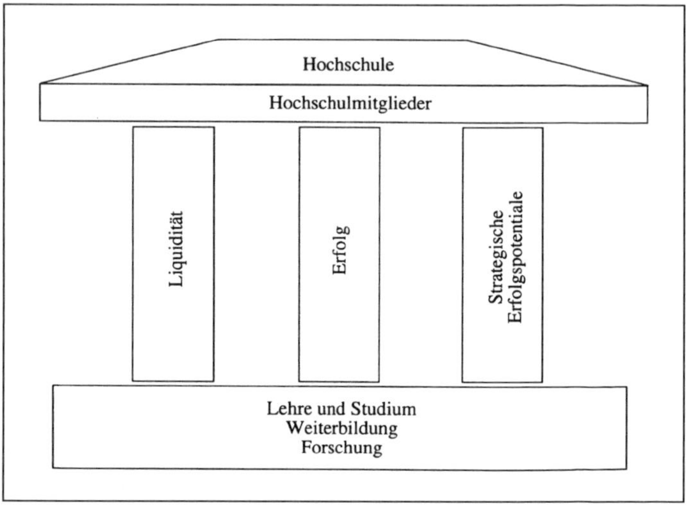

Abbildung 1: Zielbündel von Hochschulen

oder mehr, wenn die Universitätskliniken einbezogen werden. Hochschulen in Deutschland haben bisher keine Liquiditätsprobleme. Ihre jederzeitige Zahlungsfähigkeit wird durch den Staat hergestellt, der sich gegebenenfalls die liquiden Mittel durch Kreditaufnahme sichert. Die Liquidität ist demnach bisher kein Zielkriterium, das die Überlebensfähigkeit der Hochschule berührt. Dies mag sich ändern, sobald im Rahmen von wirklicher Finanzautonomie globale Zuweisungen erfolgen, die sich auf alle Ausgabenbereiche der Hochschule beziehen. Dann muss die jeweilige Hochschulführung auch im finanzwirtschaftlichen Bereich für jederzeitige Zahlungsfähigkeit sorgen, hat auf der anderen Seite aber auch die Möglichkeit, im Rahmen eines Cash-Managements mit den verfügbaren Mitteln zu arbeiten und beispielsweise Zinsgewinne zu erwirtschaften.

Finanzautonomie

Illiquidität ist zwar der erste Grund für das Scheitern einer wirtschaftlichen Organisation, allerdings sichert vorhandene Liquidität keineswegs das dauerhafte Überleben. Sie ist also eine notwendige, aber keineswegs hinreichende Voraussetzung für den dauerhaften Bestand einer wirtschaftlichen Organisation.

2. Erfolg

Notwendig ist daher weiterhin der *Erfolg* einer Organisation. Bei erwerbswirtschaftlichen Unternehmen wird der Erfolg u. a. gemessen an den Gewinnen, der Zufriedenheit der Mitarbeiter oder der Arbeitsplatzsicherheit, um nur einige mögliche Ziele zu nennen. Im Hochschulbereich haben wir in Deutschland erst vor kurzem begonnen, uns mit dem Erfolg als Zielgröße auseinanderzusetzen. Nachdem über Jahrzehnte hinweg die Kapazität bzw. die Auslastung von Kapazitäten die wesentliche, wenn nicht gar die einzige Zielgröße in den deutschen Hochschulen gewesen ist – und dies mit einer Vielzahl außerordentlich dysfunktionaler Wirkungen –, stehen wir nunmehr am Anfang einer Neudefinition für den Erfolg des »Unternehmens Hochschule«. Landesregierungen ebenso wie einzelne Hochschulleitungen beginnen, nach bestimmten Indikatoren (z. B. Zahl der Prüfungen, der Promotionen und Habilitationen; Drittmittel, Publikationen, Preise und Auszeichnungen) die wissenschaftliche Leistung von Fachbereichen oder ganzen Hochschulen zu erfassen und danach die Hochschule oder das Hochschulsystem insgesamt zu steuern, etwa im Zuge der Qualitätssicherung.

3. Erfolgspotentiale

So wenig wie Liquidität zwingend Erfolg signalisiert, weil man sich Liquidität bei Banken oder durch Verkauf von Grundstücken oder Verzehr des Vermögens verschaffen kann, so wenig sichert (kurzfristiger) Erfolg langfristig den Bestand einer Organisation. Dies können nur die zukünftigen *Erfolgspotentiale* als die Zielgrößen der strategischen Planung. Bei erwerbswirtschaftlichen Unternehmen sind dies z. B. relative Marktanteile, die Produktqualität, das Marktwachstum und anderes mehr. Bei Hochschulen geht es z. B. darum, Studiengänge zu entwickeln, die zukünftig, also beispielsweise in zehn Jahren, studentische Nachfrage aufweisen und eine gesellschaftlich relevante Ausbildung vermitteln. In der Forschung müssen Forschungsfelder identifiziert werden, die zukünftig Erfolg versprechen, die also das Drittmittelaufkommen einer Hochschule sichern oder erweitern oder die zu Forschungsergebnissen führen, welche die bestehenden Probleme der Menschheit zu lösen versprechen.

Ziele und Ebenen der Planung

Strategieentwicklung als »verbundene Planung«

Liquidität und Erfolg als operative Ziele, Erfolgspotentiale als strategische Ziele sind aufeinander bezogen und voneinander abhängig. Folglich ist auch der Prozess der Planung auf den verschiedenen Ebenen notwendigerweise miteinander verbunden. Ausgangspunkt dieser »verbundenen« Planung ist in der Regel die Organisationsphilosophie, in der sich in allgemeingültiger Form die Wertvorstellungen der Organisationsmitglieder und insbesondere der Entscheidungsträger widerspiegeln.

Leitbild, Vision, Organisationsphilosophie

Die Begriffe Organisationsphilosophie, Leitbild, Vision sind eng miteinander verknüpft und werden häufig synonym verwendet. Unter Organisationsphilosophie werden im Allgemeinen die Grundsätze und Werte verstanden, nach denen die Organisation und ihr Management handeln. In der Regel umfasst die Philosophie der Organisation nur wenige Sätze; gelegentlich ist sie sogar auf einen Slogan ver-

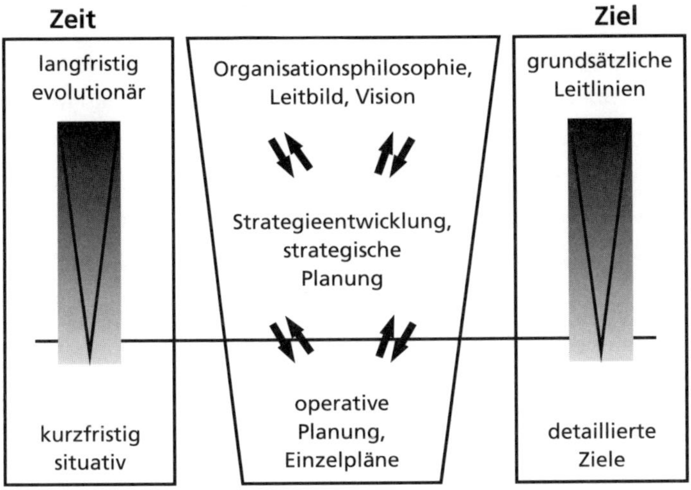

Abbildung 2: Die Ebenen des Planungsprozesses

kürzt. Es werden die *Leitbilder* oder Erwartungen formuliert, welche die Organisation von der Gesellschaft, der Umwelt, den Organisationsmitgliedern, den eigenen Produkten oder den Klienten hat. Dem häufig konkret ausformulierten Leitbild übergeordnet ist die *Vision* des Unternehmens. Sie beantwortet die Frage, wie die Position der Organisation in der Zukunft sein soll, und sie umfasst damit auch schöpferische und gestaltende Elemente. Die generelle Zielsetzung, die sich in den Leitsätzen niederschlägt, wird dann häufig auch als *Mission* bezeichnet.

Aufbau von Erfolgspotentialen

Das Ziel der strategischen Planung umfasst die Suche, den Aufbau, den Erhalt und den Ausbau von Erfolgspotentialen der Organisation. Im Rahmen der generellen Ausrichtung, die durch das Leitbild festgeschrieben ist, werden in der strategischen Planung Verfahrens- und Verhaltensweisen zur Sicherung der zukünftigen Erfolgspotentiale der Organisation ausgearbeitet. Es werden Chancen und Risiken für die Organisation formuliert und bewertet und in ein Verhältnis gesetzt zu den vorhandenen bzw. noch bereitzustellenden Ressourcen. Merkmale der strategischen Planung sind der übergeordnete Zusammenhang, der längerfristige Zeithorizont, der integrative Ansatz, der alle relevanten Gesichtspunkte des jeweiligen Aufgabengebietes umfasst, sowie die hohe Tragweite der getroffenen Entscheidungen. Am Ende einer strategischer Planung steht der strategische Plan oder das Strategiekonzept.

Phasen der Planung

Initiierung

Die strategische Planung erfolgt in unterschiedlichen Phasen. Bei der Initiierung des strategischen Planungsprozesses (Phase 1) ist von einiger Bedeutung, dass das grundsätzliche Anliegen der Strategieentwicklung die Unterstützung der wichtigsten internen Entscheidungsträger findet. Diese Unterstützung ist Voraussetzung für eine Realisierung der nachfolgenden Phasen, vor allem aber für eine erfolgreiche Umsetzung der formulierten Ziele und Maßnahmen. In Hochschulen bzw. Fachbereichen sollte die Initiierung des Prozesses vom Rektor/Präsidenten bzw. dem Dekan ausgehen. Zumindest aber sollte bereits in dieser Phase deutlich werden, dass der strategische Planungsprozess von diesen Personen unterstützt wird. Entscheidend ist darüber hinaus die Dekomposition des Gesamtproblems in handhabbare Arbeitspakete bzw. Handlungsfelder, die unterschiedlichen Arbeitsgruppen und Verantwortlichen zur weiteren Bearbeitung übertragen werden.

In der nächsten Phase muss die Organisationsphilosophie bzw. das Leitbild formuliert werden (Phase 2). Dabei geht

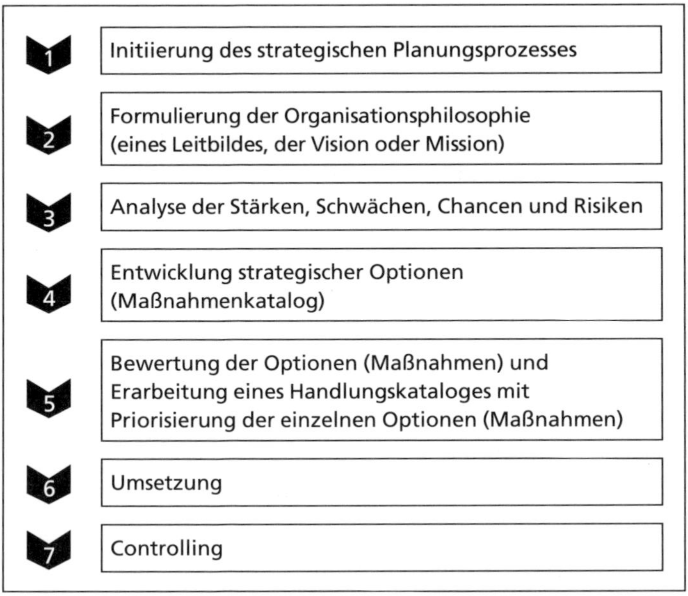

Abbildung 3: Phasen des strategischen Planungsprozesses

Zielformulierung; Leitbild-entwicklung

es darum, die Zielsetzung der Organisation zu formulieren und transparent zu machen. Wer sind wir? Welchen gesellschaftlichen und politischen Auftrag verfolgen wir? Wie positionieren wir uns in unserer Umwelt? Wer sind unsere Klienten, und wem gegenüber sind wir rechenschaftspflichtig? Worin besteht unsere Philosophie, und was macht uns einzigartig? Diese Fragen beherrschen die Leitbilddiskussion, in der es ja um das Selbst- und Aufgabenverständnis einer Hochschule gehen soll. Das Ergebnis der Leitbilddiskussion liegt dann in der verbindlichen Verabschiedung eines Leitbildes der Hochschule bzw. des Fachbereichs durch den Senat bzw. den Fachbereichsrat. Auf der Grundlage dieses Beschlusses, der die Verbindlichkeit des eingeleiteten strategischen Planungsprozesses nach innen und nach außen unterstreicht, sind weitere Maßnahmen zu treffen, um das Leitbild innerhalb und außerhalb der Organisation bekannt zu machen. Die wirkungsvolle Kommunikation des Leitbildes nach innen und nach außen ist Voraussetzung für die erfolgreiche Gestaltung der nachfolgenden Planungsschritte.

Leitbild der Universität Zürich

»1. Identität und Ziel der Universität Zürich

Wissenschaft

Die Universität hat ihre Einheit und Identität in der Wissenschaft als eine Form von Rationalität. Wissenschaft ist definiert als Erwerb, Bewahrung, Verarbeitung und Weitergabe von Erkenntnissen in methodisch überprüfbarer und kritisch diskutierbarer Weise. Die Universität leistet wissenschaftliche Arbeit in Forschung und Lehre und erbringt in diesem Zusammenhang Dienstleistungen. Sie ist auf hohe Qualität verpflichtet und sorgt für eine regelmäßige Evaluation. (. . .)

Verantwortung

Die Wissenschaftlerinnen und Wissenschaftler sind an die geltenden Gesetze und an grundlegende moralische Normen gebunden. Zur Wissenschaft muss die ethische Reflexion der eingesetzten Mittel und der möglichen Folgen von Wissenschaft für Mensch und Umwelt gehören. Die Universität trifft Vorkehrungen, welche die ethische Verantwortung der Wissenschaft sicherstellen.

2. Die Aufgaben der Universität

Forschung

In der Forschung hat die Universität die Aufgabe, wissenschaftliche Erkenntnis zu vermehren und zu vertiefen. Die Universität ermöglicht und fördert die Forschungstätigkeit ihrer Angehörigen.

Lehre

In der Lehre hat die Universität die Aufgabe, die Studierenden wissenschaftlich zu bilden und die akademisch Berufstätigen wissenschaftlich weiterzubilden. Wissenschaftliche Bildung verleiht die Fähigkeit, Probleme zu erfassen, Erkenntnisse methodisch kontrolliert zu gewinnen, kritisch zu beurteilen und weiterzuvermitteln. Wissenschaftliche Bildung ist angewiesen auf die universitäre Gemeinschaft von Lehrenden und Lernenden. Als Bildung aus erster Hand kann sie nur durch Personen vermittelt werden, die selbständig Forschung betreiben. (. . .) Die Universität (. . .) fördert den akademischen Nachwuchs. Durch die Vermittlung wissenschaftlicher Bildung leistet die Universität ihren Beitrag zur Ausübung von akademischen Berufen.

Dienstleistungen

Die Universität erbringt auch wissenschaftliche Leistungen gegenüber Dritten. Diese Dienstleistungen können von der Forschung und der Lehre nicht getrennt werden. (. . .)

3. Universität und Öffentlichkeit

Bedeutung

Die Wissenschaft leistet einen wesentlichen Beitrag zur gesellschaftlichen Entwicklung in vielen Bereichen.

Freiheit

Die Universität ist zur Verantwortung einerseits gegenüber der Öffentlichkeit, andererseits gegenüber der Sache der Wissenschaft verpflichtet.

Schwerpunkte

Die Universität setzt aufgrund ihrer Wahrnehmung der Bedürfnisse der Öffentlichkeit, der universitären Tradition und der kulturellen Situation Schwerpunkte für ihre Arbeit. Die Universität legt besonderes Gewicht auf breite Grundlagenforschung und bietet dementsprechend eine theorie- und forschungsorientierte Lehre an. Dies

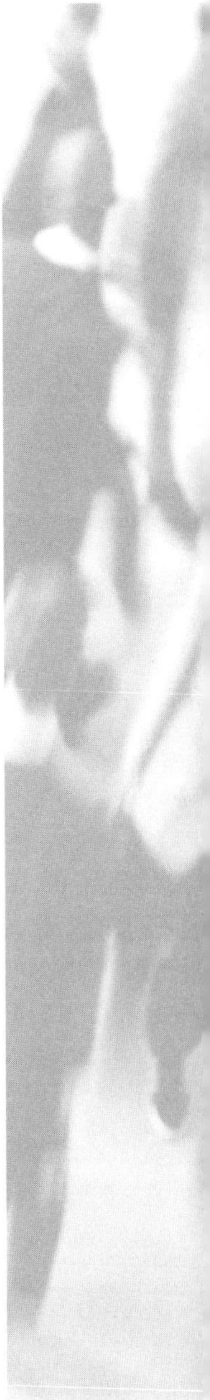

zeichnet sie gegenüber Fachhochschulen und anderen Lehranstalten des höheren Bildungswesens aus. (. . .)
Information
Die Universität hat das Recht und die Pflicht, die Öffentlichkeit über ihre Tätigkeit, ihre Anliegen und Forderungen zu informieren.

4. Universität und Staat
Trägerschaft
Der Kanton Zürich ist der Träger der Universität. (. . .)
Aufsicht
Die Aufsicht über die Universität wird einem Organ anvertraut, in welchem der Staat, die Universität und die Öffentlichkeit angemessen vertreten sind. Dieses Organ berät und verabschiedet das Budget, das die Universität in eigener Kompetenz unter Berücksichtigung der staatliche Vorgaben erstellt.
Leitung
(. . .) Die Leitung der Universität obliegt inneruniversitären Gremien, in welchen die Angehörigen der Universität angemessen vertreten sind. Diese Gremien treffen ihre Entscheidungen in enger Zusammenarbeit mit den Beteiligten. Die Leitungskompetenz soll möglichst nahe an der Sachkompetenz ausgeübt werden. Die Gremien, welche die Universität leiten, haben die Aufgabe, die wissenschaftliche Arbeit in jeder Hinsicht zu fördern. (. . .)«

Quelle: Leitbild der Universität Zürich, in: Detlef Müller-Böling, Lothar Zechlin, Klaus Neuvians, Sigrun Nickel, Peter Wismann (Hrsg.), Strategieentwicklung an Hochschulen. Konzepte, Prozesse, Akteure, Gütersloh 1998, S. 301–305.

Im Anschluss daran ist eine Stärken- und Schwächen-Analyse vorzunehmen (Phase 3), die auf hochschulinterne wie auf hochschulexterne Bereiche gerichtet ist. Zur Bewertung ist eigentlich erforderlich, dass ein operationales strategisches Zielkonzept vorliegt. Denn ohne Kenntnis der Ziele ist eine Bewertung der Mittel und Wege, die zu diesen Zielen führen sollen, nicht möglich. An dieser Stelle wird also besonders deutlich, dass die einzelnen Phasen nicht lösgelöst voneinander betrachtet werden können und schon gar nicht sequentiell abzuarbeiten sind.

Stärken-/ Schwächen-Analyse

In der Analysephase soll ein möglichst präzises Bild der Hochschule in ihrer gegenwärtigen Gesamtsituation erarbeitet werden. Dieses ist in die Hochschule hinein zu kommunizieren. Dabei bezieht sich die Analyse zum einen auf die Untersuchung der Ressourcen, die einer Hochschule zur Verfügung stehen (Inputfaktoren), also auf Finanzen, Personal, Raumkapazitäten etc. Sie bezieht sich zum anderen aber auch auf die Leistungen, die sie in einem bestimmten Zeitraum in Forschung und Lehre erbracht hat (Outputfaktoren). Darüber hinaus kann zwischen einer internen und einer externen Dimension der Analyse unterschieden werden.

Input-Output-Analyse

Die interne Analyse bezieht sich auf die innere Konstitution einer Hochschule, auf ihre Stärken und Schwächen, auf ihre Kernkompetenzen und Erfolgspotentiale in den Bereichen Forschung, Lehre und Verwaltung. Die externe Analyse dagegen betrachtet die Hochschule in ihrem Umfeld. Sie richtet sich auf künftig mögliche und relevante Forschungs- und Lehrfelder, zunächst ohne Berücksichtigung anderer Institutionen, dann aber auch mit Blick auf Aktivitäten anderer Hochschulen, anderer Forschungs- und Lehreinrichtungen, und zwar in der Region, in Deutschland und weltweit. Stärken sind dabei nie absolut zu sehen, son-

interne und externe Analyse

dern stets relativ im Verhältnis zu möglichen Wettbewerbern. Ist die künftige Attraktivität für Studierende ein strategisches Ziel, so kann man eine regionale Attraktivität im Verhältnis zu anderen Hochschulen im Einzugsbereich als eine Stärke ansehen, aber auch die Attraktivität der eigenen Studiengänge im Verhältnis zu vergleichbaren Studiengängen anderer Hochschulen des gleichen Typs. Auch können vorhandene Ressourcen im Rahmen einer externen Analyse mit denen anderer Hochschulen verglichen werden (Benchmarking).

Optionen, Handlungsalternativen

In Phase 4 findet der Übergang von der Planung zur Umsetzung statt. Ziele werden gewichtet, konkretisiert und operationalisiert. Schließlich wird ein Maßnahmenkatalog zur Umsetzung der Ziele auf der Grundlage des Leitbildes erstellt. Diese Phase bildet den Kern der strategischen Planung. Hier geht es um die Identifizierung von Optionen, die für eine Organisation von strategischer Bedeutung sind. Strategische Optionen sind Handlungsalternativen, die auf die Erfolgspotentiale ausgerichtet sind. Dabei kann es sich um zukünftige Lehr- oder Forschungsfelder, um neue Organisationsstrukturen, Qualitätssicherungsinstrumente oder kulturelle Dienstleistungen für die Gesellschaft handeln; oder um On-campus- oder Off-campus-Strategieoptionen, die im Zusammenhang mit der Entwicklung und Implementierung von neuen Medien an Hochschulen von Bedeutung sind. Jedenfalls müssen die möglichen Optionen auch auf ihre Finanzierbarkeit hin überprüft werden, da die Realisierung strategischer Optionen mit Kosten verbunden ist. Unter Berücksichtigung personeller und finanzieller Ressourcen ist dann (Phase 5) eine Priorisierung der einzelnen Optionen vorzunehmen und ein Handlungskatalog zu erarbeiten.

Priorisierung

Umsetzung

Sind Strategien formuliert und die Optionen in eine Prioritätenfolge gebracht, müssen sie umgesetzt werden

(Phase 6). Je detaillierter in der Planung Maßnahmen, Verantwortliche, Ressourcen und Zeiträume fixiert werden, desto wahrscheinlicher ist auch eine erfolgreiche Umsetzung. Die Partizipation aller Betroffenen in den vorhergehenden Phasen vereinfacht die Umsetzung ebenfalls. Allerdings ist zu beachten, dass immer – vor allem aber in Hochschulen – die Gefahr besteht, dass Entscheidungen in Vergessenheit geraten, dass Maßnahmen versanden und nicht weitergeführt werden.

strategisches Controlling

Aus diesem Grund gehört zu einer strategischen Planung ein strategisches Controlling (Phase 7), das frühzeitig Schwachstellen identifiziert und entsprechende Korrekturmaßnahmen signalisiert. Dabei geht es nicht nur darum, die Umsetzung der geplanten Maßnahmen zu überprüfen; geprüft werden muss auch, ob die strategischen Ziele erreicht werden. Gegebenenfalls müssen andere Maßnahmen eingeleitet, muss die strategische Planung erneuert oder müssen neue strategische Ziele erarbeitet und gesetzt werden.

Management der Strategieentwicklung

Prozess-promotion

Jeder Planungsprozess muss in Gang gebracht und in Gang gehalten werden. Auch sind neben-, über- oder untergeordnete organisatorische Einheiten zu koordinieren, voneinander abzugrenzen und wieder in gemeinsame Prozesse einzubinden. Es bedarf also einer integrativen Anstrengung, damit die einzelnen Maßnahmen aufeinander abgestimmt und Ziele vor einem Absinken in die Anspruchslosigkeit bewahrt werden. Damit das gesamte Unterfangen zusammengehalten und auf die gesetzten Ziele hin ausgerichtet bleibt, benötigt der strategische Planungsprozess zum einen Prozesspromotoren, welche die Planung vorantreiben; zum anderen sind Verbindungsglieder zwischen verschiedenen Ebenen und arbeitsteilig angelegten Strukturen erforderlich; und schließlich ist ein kritisches Korrektiv nützlich, das in die Planungsprozesse eingreifen kann.

Zunächst aber ist zu fragen: Wie kann der Prozess der strategischen Planung überhaupt in Gang gesetzt werden? Und wie wird er vorangetrieben, ohne ergebnislos zu versanden? Aus der Innovationsforschung ist bekannt, dass erfolgreiche Innovationsprozesse durch zwei Rollen getragen werden: den Machtpromotor und den Fachpromotor. Beide sind notwendig und erfüllen unterschiedliche Funktionen.

Machtpromotor

Der Machtpromotor ist derjenige, der entweder aus der Positionsmacht heraus oder wegen seiner anerkannten Kompetenz dafür sorgt, dass der Planungsprozess nicht versandet, sondern trotz aller Schwierigkeiten fortgeführt und zu einem Ende gebracht wird. Dem Machtpromotor obliegt damit die Gesamtverantwortung für das Prozessmanagement. Gerade in Hochschulen besteht die große Gefahr, dass übergreifende strategische Planungen immer wieder an Problemen des Prozessmanagements scheitern: Zu häufig sind die aktuellen Erfordernisse des Tagesgeschäfts größer als grundlegende Zukunftsüberlegungen; die einfache Terminierung einer Arbeitsgruppensitzung wird wegen der starken Überlastung aller Teilnehmer zum Problem; in Sitzungen wird zwar viel geredet, aber am Ende nichts vereinbart; Vereinbarungen sind nicht mehr präsent bzw. werden wieder in Frage gestellt; Handlungsträger werden auch dann nicht zur Verantwortung gezogen, wenn sie ihre Aufgaben offenkundig nicht erfüllt haben.

Im Gegensatz zum Machtpromotor, der den Planungsprozess in Schwung hält, bringt der Fachpromotor das spezifische Know-how der Institution oder des Planungsgegenstandes ein. Er kann ein Mitglied der Hochschule sein; die Funktion des Fachpromotors kann aber auch von einem externen Experten, der als Gutachter auftritt, wahrgenommen werden. Für erfolgreiche Innovationsprozesse ist die wirkungsvolle Zusammenarbeit von Machtpromotor und Fachpromotor erforderlich. Beide sorgen dafür, dass die Prozesspromotion erfolgreich realisiert wird. Ein Rektor beispielsweise kann nur auf einem begrenzten Bereich Kompetenz für eine strategische Planung seiner Fachbereiche aufweisen. Insofern kann er sehr wohl für alle Fachbereiche die Machtpromotion der strategischen Planung übernehmen; die Fachpromotion muss dann jedoch von anderen Akteuren, etwa von externen Gutachtern, getragen werden. Andererseits reicht die Position des Rektors für die Rolle des Machtpromotors auch nicht in allen Fällen aus. Spezielles Wissen über die Erfordernisse der Prozesssteuerung und Neutralität gegenüber allen Beteiligten können häufig erst über einen externen Berater eingebracht werden, der die Prozesse moderiert.

Fachpromotor

Insbesondere bei arbeitsteilig vorgenommenen strategischen Planungen, bei denen das Gesamtproblem in verschiedene Teilprojekte dekomponiert ist, müssen die Einzelaufgaben aufeinander bezogen erarbeitet und insgesamt koordiniert werden. Vor allem aber ist die Ziel- oder Strategiehierarchie zu berücksichtigen. Denn Strategien und entsprechende Zielformulierungen sind nicht nur innerhalb eines einzelnen Planungsprozesses abzustimmen. Vielmehr ist die Strategie eines Fachbereichs mit der Strategie der Hochschule, die Strategie der Hochschule mit der des Bun-

Verbindungsglieder

deslandes und gegebenenfalls auch darüber hinaus abzustimmen. Daher müssen die Strategien miteinander verbunden und aufeinander abgestimmt werden. D. h., Strategien auf Institutsebene müssen gegenüber dem Fachbereich, die Strategie des Fachbereichs muss gegenüber der Hochschule insgesamt und die Strategie der Hochschule gegenüber dem Land vertreten werden. Dafür sind jeweils Verbindungsglieder erforderlich, die integrative Aufgaben wahrnehmen und letztlich auch für die Zielerreichung verantwortlich sind.

kritisches Korrektiv

Kollegialorgane stehen in der Gefahr der Kompromissbildung auf der Ebene des kleinsten gemeinsamen Nenners. Dies führt zu anspruchslosen Zielen. Eine zweite Gefahr ist die Dominanz einzelner Machtträger, die mit Hilfe des Kollegialorgans versuchen, individuelle Ziele zu verwirklichen. Eine unabhängige Instanz muss hier korrigierend eingreifen. Die Funktion kann entweder von Fachgutachtern wahrgenommen werden, die als externe Experten auftreten, etwa im Rahmen von Evaluationen, sie kann aber auch von Strukturkommissionen übernommen werden, wie sie an einigen Hochschulen eingerichtet wurden. Dauerhaft in die Hochschulorganisation eingebunden, übernehmen Hochschulräte diese Aufgabe.

Handlungsträger der Strategieentwicklung

Für die Organisation des strategischen Planungsprozesses werden in der Regel zwei Ebenen benötigt: die Leitungsebene und die Arbeitsebene des Planungsprozesses. Ergänzend können externe Experten eingebunden werden, welche die Funktion der Prozesspromotion oder des kritischen Korrektivs übernehmen.

Von besonderer Bedeutung gerade in der Tradition der deutschen Hochschulen ist jedoch die Frage der Mitwirkung von Hochschulangehörigen. Vor allem im Rahmen von strategischen Planungsprozessen ist eine möglichst breite und aktive Partizipation durchaus wünschenswert, wenn nicht gar unabdingbar. Daher ist zu fragen, wie motivierte und fähige Mitglieder einer Hochschule in strategische Planungsprozesse einbezogen werden können – und zwar jenseits der Zugehörigkeit zu Statusgruppen und Drittelparitäten, die für die »Demokratie« der Gruppenuniversität bestimmend sind.

Partizipation

Die Partizipation von Hochschulangehörigen an Prozessen der Strategieentwicklung (aber auch darüber hinaus) kann grundsätzlich in drei verschiedenen Formen erfolgen, nämlich in Form einer repräsentativen oder einer direkten Partizipation sowie im Rahmen von Meinungsumfragen und empirischen Erhebungen (»Meinungsforschungs-Partizipation«).

Formen der Partizipation

Eine Möglichkeit der direkten Partizipation bieten Strategie-Workshops, die themenspezifisch organisiert oder auf bestimmte Zielgruppen fokussiert abgehalten werden können. Eine weitere Möglichkeit der breiten Partizipation bieten hochschulweite Strategietage, in deren Rahmen auch Teilaspekte der strategischen Planung in einzelnen, frei zugänglichen Workshops oder Arbeitsgruppen diskutiert werden können. Diese Form der direkten Partizipation eignet sich besonders für überschaubare Gruppen. Sofern an der Hochschule oder im Fachbereich eine erprobte Diskussionskultur besteht oder im Zuge der Strategieentwicklung erarbeitet wird, sind auch offene Strategietage erfolgversprechend.

Strategie-Workshops

Problematisch wird ein derartiges Vorgehen allerdings bei großen organisatorischen Einheiten mit mehreren Tau-

Befragungen

send Studierenden und einer großen Zahl an Professoren. Dort sind Formen der direkten Partizipation nicht oder nur sehr schwer praktizierbar. In derartigen Fällen bietet es sich an, auf Instrumente der Meinungsforschung zurückzugreifen und Interessen sowie Ideen und Maßnahmenvorschläge im Rahmen schriftlicher Befragungen zu ermitteln.

Organisationsautonomie nutzen

Sicherlich sind dies nicht die einzigen Möglichkeiten, interessierte und motivierte Hochschulmitglieder in die strategische Planung einzubeziehen und Möglichkeiten der Partizipation zu eröffnen. Auch in dieser Hinsicht gibt es keine Patentlösungen und auch keine Einheitsmodelle. Vielmehr werden Hochschulen ihre Organisationsautonomie nutzen müssen, um im jeweiligen Fall angemessene und funktionierende Formen der Mitwirkung an der Entscheidungsfindung und der strategischen Planung zu entwickeln. Davon wird letztlich auch die Akzeptanz der Maßnahmen abhängen, die im Rahmen der strategischen Planung beschlossen wurden und umgesetzt werden müssen.

aktive Informationspolitik

Dazu ist aber auch eine aktive Informationspolitik über die Ziele und die einzelnen Schritte innerhalb des gesamten Planungsprozesses erforderlich. Als Begleitmaßnahme zur strategischen Planung ist daher die Entwicklung eines speziellen Kommunikationskonzeptes zu empfehlen. Auf diese Weise wird der Planungsprozess transparent, und in seinem Verlauf können immer wieder motivierende Hinweise auf Möglichkeiten zur Partizipation gegeben werden.

Strategie- und Leitbildentwicklung an der Hochschule für Wirtschaft und Politik Hamburg (HWP)

Die HWP, mit rund 2 600 Studierenden Hamburgs kleinste staatliche Universität, hat im Winter 1994/95 mit einem Profilbildungsprozess begonnen, dessen Hauptelemente die Leitbild- und Organisationsentwicklung waren. Alle Hochschulmitglieder waren aufgefordert, ihre Hochschule zukunftsfähig zu machen – ein konfliktreicher Weg, der zu mancherlei Blessuren, aber auch zu erfreulichen Ergebnissen führte: Ein Leitbild wurde entwickelt und eine Hochschulentwicklungsstrategie erarbeitet.

Am Anfang der Profilbildung stand eine umfangreiche Stärken-Schwächen-Analyse. Eine Projektgruppe unter Leitung des Präsidenten und betreut von einem externen Moderator, unterzog wesentliche Aufgaben und Leistungsbereiche (Ausbildung, Weiterbildung, Forschung, Wissenstransfer, Managementstrukturen, Rahmenbedingungen sowie die Zielgruppen) einer kritischen Prüfung. Der Prozess der Leitbildentwicklung verlief dann in drei Phasen.

In der »Kreativ- und Initiativphase« wurden ein Grobentwurf des Leitbildes und ein Maßnahmenkatalog erarbeitet, die dann in den Gremien diskutiert wurden. Dabei kam es zu grundsätzlichen Auseinandersetzungen darüber, ob die Zukunft der HWP in ihrer profilierten Unterscheidung von anderen Hochschulen in einer differenzierten Hochschullandschaft oder in ihrer Entwicklung zu einer Wirtschaftsuniversität liegt, die Teile der anderen Hochschulen integriert.

In der zweiten Phase, der Priorisierung und Operationalisierung, wurde das Leitbild verabschiedet und wurden die Maßnahmenvorschläge durch den akademischen Senat legitimiert. Sieben operationalisierte Projekte wurden entworfen und an dezentral arbeitende Projektgruppen zur Bearbeitung übertragen.

In der anschließenden Realisierungsphase ging es darum, die in den Projekt- und Programmsteckbriefen operationalisierten Maß-

nahmen durch den Hochschulsenat verbindlich zu beschließen und umzusetzen.

Ein besonderes Augenmerk wurde während der gesamten Zeit auf die hochschulinterne Kommunikation gelegt. Ohne ein hohes Maß an Transparenz und Partizipation ist ein Profilbildungsprozess an einer Hochschule weder durchzuführen noch würde er irgendeine nachhaltige Wirkung erzielen. Erst in einem späteren Stadium wurde mit der externen Presse- und Öffentlichkeitsarbeit begonnen.

Insgesamt hat der Prozess zu einer tiefgreifenden Belebung der HWP geführt. Mit der »produktiven Unruhe« wurde erreicht, dass die HWP in kurzer Zeit einen umfangreichen Reform- und Entwicklungsprozess auf den Weg gebracht und ihre Außenwahrnehmung positiv verändert hat.

Quelle: DUZ-Special, Hochschulen machen Reform. Innovationsprojekte aus deutschen Hochschulen, Beilage zur DUZ vom 6.2.1998, S. 9–11, sowie Detlef Müller-Böling, Lothar Zechlin, Klaus Neuvians, Sigrun Nickel, Peter Wismann (Hrsg.), Strategieentwicklung an Hochschulen. Konzepte, Prozesse, Akteure, Gütersloh 1998.

Akteure der Strategieentwicklung

Leitungsebene

Institutionell sind drei Typen von Handlungsträgern bei der Strategieentwicklung zu unterscheiden: *zum ersten* die Leitungsebene, auf der die Grundsatzentscheidung über die Einleitung des strategischen Planungsprozesses gefällt werden muss. In den derzeitigen formalen Strukturen der deutschen Hochschulen ist dies eine Aufgabe der Fachbereichsräte und des Senats. Allerdings wird die Initiative zur Strategieentwicklung in den seltensten Fällen von Gremien ausgehen. In der Regel sind es Einzelpersonen, auf die die entsprechenden Impulse zurückgehen. Dennoch sind die genannten Gremien nach der augenblicklichen Rechtslage zumindest ratifizierend zu beteiligen. Das gilt auch für die Verabschiedung der Ergebnisse des Strategiebildungsprozesses, also des Leitbildes oder der Strategie. Der Senat oder der Fachbereichsrat sind jedoch kaum in der Lage, den Prozess selbst zu koordinieren und zu steuern. Macht- und Fachpromotoren sind erforderlich, und hier sind neben dem Rektor bzw. Präsidenten auch die Dekane gefragt. Auch externe Berater können in diesem Zusammenhang von Nutzen sein.

Zum zweiten sind auf der Arbeitsebene alle bzw. möglichst viele Mitglieder der Hochschule in den Strategieentwicklungsprozess einzubinden. Dies gilt insbesondere auch für Mitarbeiter der zentralen und dezentralen Verwaltung, die Workshops und andere Sitzungen vorbereiten, Daten aufbereiten, Recherchen betreiben und Konzepte formulieren müssen. Hier entstehen für die Aufgaben der Verwaltung völlig neue Anforderungen und Herausforderungen, die auch das Qualifikationsprofil einzelner Mitarbeiter berühren. Entsprechend der Dekomposition des Gesamtproblems bei der Initiierung des strategischen Planungsprozesses müssen die Aktivitäten auch auf der Arbeitsebene in Teilprojekte untergliedert werden. Einzelne Projektgruppen können sich mit dem Leitbild der Hochschule, den Organisations- und Leitungsstrukturen oder Fragen der Forschung und der Lehre befassen. Projektgruppen sind auch für die Bereiche Transfer und Öffentlichkeitsarbeit sowie die Verwaltungsorganisation denkbar.

Arbeitsebene

Schließlich können externe Berater in zweierlei Funktion an der Strategieentwicklung mitwirken, nämlich indem sie

externe Berater

den Prozess insgesamt oder einzelne Teile des Prozesses moderieren, oder indem sie als unabhängige Gutachter Sachverstand und Bewertung einbringen. Moderatoren müssen Gruppenprozesse organisieren und Arbeitsgruppensitzungen oder Workshops leiten – und sie müssen Handlungsträger zu ergebnisorientiertem Arbeiten motivieren. Zudem übernehmen sie die Aufgabe der Prozesspromotion, speziell der Fachpromotion, was allerdings ein Gespür für die spezifische Kultur von Hochschulen voraussetzt. Und sinnvollerweise ist der Moderator selbst nicht organisatorisch in die jeweilige Hochschule eingebunden. Eines ist aber wichtig: Strategieentwicklung ist ein Prozess, der nicht durch Externe betrieben werden kann. Die Strategie muss von einer Hochschule selbst entwickelt und anschließend auch selbst umgesetzt werden. Aus diesem Grund verbietet sich die Entwicklung einer Strategie durch ausschließlich externe Gutachter. Dennoch können Fachgutachter wesentliche Funktionen etwa bei der Bewertung von Stärken und Schwächen oder bei der Analyse strategischer Optionen erfüllen.

Gutachter

Als externe Gutachter kommen z. B. Unternehmensberater in Betracht, etwa im Bereich der Verwaltungsorganisation und der Managementprozesse. In den wissenschaftlichen Kernbereichen Forschung und Lehre kann aber auf (angesehene) Wissenschaftler (*peers*) nicht verzichtet werden. Hier geht es um eine Beurteilung der fachlichen Qualität einzelner Wissenschaftsdisziplinen, um Prognosen über Wissenschaftsentwicklungen sowie um eine Beratung der Prozessbeteiligten in den Hochschulen. Eine Beratung kann daher nur durch Wissenschaftler erfolgen, etwa im Rahmen von Evaluationen, die wesentlichen Input für die Strategieentwicklung liefern können. Derzeit sind externe Wissenschaftler in zwei Formen an der Strategieentwicklung an den Hochschulen beteiligt: im Rahmen von zweistufigen Evaluationsverfahren als Pendant zur vorausgehenden Phase der Selbstevaluation auf Fachbereichs- bzw. Hochschulebene und durch Mitwirkung an Hochschulstrukturkommissionen, die hochschulspezifisch oder landesweit agieren.

Wissenschaftlichkeit als Leitlinie der Strategieentwicklung

Gerade die Mitwirkung externer Wissenschaftler macht deutlich: Strategie- und Profilentwicklung müssen unter dem Primat der Wissenschaftlichkeit von Hochschulen betrieben werden; sie müssen als ein wissenschaftsnaher, expertengeleiteter Prozess verstanden werden, wenn sich eine fruchtbare Kongruenz von Profil und Strategie auf der einen und dem »Kerngeschäft« von Hochschulen, nämlich Forschung und Lehre, auf der anderen Seite ergeben soll. Gerät diese Kongruenz aus dem Blickfeld, dann bleiben Profilbildung und Strategieentwicklung auf der »klebrigen« Stufe abziehbarer Imageprodukte stehen. Das Profil von Radiosendern, Sportvereinen oder Seniorenresidenzen mag sich auf diese Weise abbilden lassen. Für Hochschulprofile wäre diese Projektionsfläche aber viel zu flach.

Kapitel VI

Die wirtschaftliche Hochschule

Die wirtschaftliche Hochschule

Ökonomisierung der Hochschulen?

Wer in hochschulpolitischen Diskussionen von der wirtschaftlichen Hochschule redet, befindet sich sofort in der Defensive. Denn mit fast schon Pawlovscher Reflexhaftigkeit rekurriert sein Gegenüber auf gelehrtenrepublikanische Werte, sieht Humboldt vom Kommerz zur Hintertür der Hochschule hinausgetrieben und befürchtet die »Aldiisierung« der altehrwürdigen Alma mater, in der die Freiheit von Forschung und Lehre einer umfassenden Discountierung von »Bildungsprodukten« zum Opfer fällt. Dabei ist doch eines völlig klar: Eine Hochschule ist weder *Cash cow* noch Supermarkt. Auch ist sie weder auf Gewinnerzielung ausgerichtet noch dem Primat der Wirtschaftlichkeit unterstellt.

Und dennoch: Jede Hochschule wird sich fragen (müssen) – ohne sofort einer blinden Ökonomisierung zum Opfer zu fallen –, wie und wo sie ihre Mittel einsetzt, ob es sich

Mitteleinsatz

lohnt, die Mittel dort einzusetzen, wo sie eingesetzt werden, welche Ziele sie erreichen will, und wie diese Ziele mit den verfügbaren Mitteln am besten zu erreichen sind. Dies hat nicht nur etwas mit Wirtschaftlichkeit zu tun, denn auch wissenschaftlichem Arbeiten sind diese Fragen nicht völlig fremd, zumindest in der Drittmittelforschung sind sie seit Jahrzehnten relevant.

Wirtschaftlichkeit und Wissenschaftlichkeit

Optimierung der Zweck-Mittel-Relation

Eine wirtschaftliche Hochschule wird daher eine Optimierung der Zweck-Mittel-Relation anstreben, ohne die Wissenschaftlichkeit ihrer Aufgaben aus dem Auge zu verlieren. Und sie wird die Input-Betrachtung, die ihr bisheriges (Haushalts-)Verhalten prägt, durch eine Beurteilung des Outputs erweitern; auch dies wird sie nicht ausschließlich unter fiskalischen, sondern auch unter wissenschaftlichen Gesichtspunkten und im Sinne einer individuellen wie auch gesellschaftlichen Bewertung der erbrachten Leistungen tun. Wissenschaftlichkeit schließt Wirtschaftlichkeit somit keineswegs aus. Und vielleicht wird eine wissenschaftliche Hochschule immer auch eine wirtschaftliche Hochschule sein müssen, um durch wirtschaftliches Handeln gerade ihre *wissenschaftliche* Existenzberechtigung zu sichern.

Finanzautonomie

Dazu benötigen Hochschulen aber eine Finanzautonomie, die ihnen auf der Basis flexibler und globalisierter Haushalte die Möglichkeit zu eigenverantwortlichem wirtschaftlichen Handeln auch und vor allem unter wissenschaftlichen Prämissen eröffnen. Globalhaushalte für Hochschulen sind das Fundament, auf dem ihre Autonomie beruht und auf dem wirtschaftliches Handeln entstehen kann. Denn globalisierte staatliche Zuweisungen erweitern Selbständigkeit und Eigenverantwortlichkeit im Sinne einer umfassenden Hochschulautonomie. Das aber heißt zugleich: Finanzielle Autonomie für Hochschulen ist kein Selbstzweck, sondern vielmehr ein Mittel zum Zweck, der darin besteht, übergeordnete Effizienz- und Effektivitätsziele im Rahmen des generellen Aufgabenkataloges von Hochschulen als *wissenschaftliche* Einrichtungen zu erreichen.

nicht nur »leistungsbezogene« Mittelverteilung

Damit ist aber bereits angedeutet, worum es bei einer Neugestaltung der staatlichen Mittelzuweisung an die Hochschulen nicht ausschließlich gehen kann, nämlich um die Frage – die inzwischen zum Standardrepertoire hochschulpolitischer Debatten gehört –, wie die staatliche Hochschulfinanzierung in einem stärkeren Maße leistungsorientiert gestaltet werden kann. Mit der Vergabe von »Sahnehäubchen« oder dem Verteilen von »Fleißkärtchen« für besonders leistungsstarke Hochschulen ist es nicht getan. Denn Leistungsorientierung ist nur eine unter mehreren Maximen für die künftige staatliche Hochschulfinanzierung, die in einen neuen Ordnungsrahmen gestellt werden muss, der einzelnen Hochschulen autonome Ausgabenentscheidungen und damit wirtschaftliches Handeln ermöglicht. Also muss nach neuen Verfahren der staatlichen Mittelvergabe gesucht werden. Gerade im Bereich des Haushaltsrechts brauchen wir eine *Entfesselung* der Hochschule aus einem rigiden System der staatlichen Mittelzuweisung und ihre Entlassung in die Freiheit autonomen – und damit auch wirtschaftlichen – Handelns.

Finanzautonomie und Globalhaushalt: Status quo

Betrachtet man dazu zunächst den Status quo in den Bundesländern, so stellt man fest: Leistungsorientierung findet, wenn überhaupt, zumeist dadurch statt, dass im Rahmen der Titelgruppe für Forschung und Lehre Mittel formelgebunden verteilt werden. Diese partiellen Modelle sind darauf abgestimmt, den Spielraum zur Leistungsorientierung innerhalb von Systemen mit Resten traditioneller Rahmenbedingungen (v. a. mit Stellenplänen) zu nutzen. Damit können die Hochschulen über nicht mehr als fünf bis zehn Prozent ihres Gesamthaushalts entscheiden, insbesondere solange Stellen und Bauten außerhalb der universitären Kompetenz liegen. So lässt sich auch die starke Leistungsorientierung dieser Modelle erklären: Solange ein erheblicher Teil der Finanzierung über alte kameralistische Verfahren erfolgt, ist die Zielsetzung von Reformen im Wesentlichen auf Leistungsanreize (v. a. im Sinne von mehr Absolventen, kürzeren Studienzeiten, mehr Drittmitteln und Promotionen) beschränkt. Geht man jedoch zu einem »echten« Globalhaushalt mit einem weitestgehend frei verwendbaren Landeszuschuss und weitreichender Hochschulautonomie über, so müssen die Modelle – wie vielfach bereits im Ausland – von einem partiellen zu einem Gesamtansatz weiterentwickelt werden. Dieser Weg ist auch für Deutschland unvermeidlich. Die ersten Bundesländer – v. a. Rheinland-Pfalz, Niedersachsen und Baden-Württemberg – bewegen sich mit Nachdruck in diese Richtung.

Modelle der Mittelvergabe: Funktionen

In einem solchen Gesamtansatz für Hochschulen, die mit Globalhaushalten ausgestattet sind, muss ein neues Verfahren der staatlichen Finanzierung mehrere Funktionen gleichzeitig erfüllen. Das Verfahren der staatlichen Mittelvergabe muss einen Anreiz- und Sanktionsrahmen für autonome Entscheidungsträger an Hochschulen schaffen. Hier lässt sich die Leistungsorientierung einordnen. Sie ist jedoch nur ein Teilaspekt dieser Funktion. Finanzautonomie der Hochschulen bedeutet, dass die Hochschulen finanzielle Entscheidungen selbst und ohne aktive Einmischung des Staates treffen können. Selbstverständlich entsteht aus dieser Freiheit ein Spannungsverhältnis zwischen Staat und Hochschulen, das aus konkurrierenden Zielsetzungen der beiden Seiten entsteht (Abbildung 4): Einerseits sollen möglichst viele Entscheidungen dezentral, d. h., in den Hochschulen gefällt werden. Die Problemnähe, die Informationsvorsprünge und die Eigenverantwortung der dezentralen Entscheidungsträger in den Hochschulen schaffen das Potential für flexibleres, effektiveres und effizienteres Handeln im Vergleich zur ministeriellen Intervention.

Finanzautonomie und staatliche Steuerung

Aus diesem Grund wird durch globalisierte Pauschalzuweisungen ein hohes Maß an Ausgabenautonomie der Hochschulen geschaffen. Dem steht ein legitimes Interesse des Staates an steuernden Eingriffen gegenüber. Ein blindes Vertrauen des Staates in die Weisheit der Hochschulangehörigen beim Umgang mit Steuergeldern kann nicht vorausgesetzt werden. Eine vollständige Abkoppelung der Hochschulen von staatlichen Zielen – beispielsweise durch Fortschreibung von Haushalten unabhängig davon, welche Leistungen und Aufgaben die Hochschulen vorweisen können – würde daher sehr rasch dazu führen, dass der Staat zwar formale finanzielle Freiheiten einräumt, faktisch aber über Regulierungen die Spielräume wieder beseitigen würde. Längerfristig hat eine Autonomie, die als vollständige Freiheit vom Staat verstanden wird, keine Überlebenschance. Wenn der staatliche Steuerungsbedarf nicht über adäquate Instrumente befriedigt wird, die zum Regelwerk des Globalhaushaltes passen, dann werden staatliche Entscheidungsprozesse zu neuen Fesseln für die Hochschule führen. Eine Freiheit ohne jede Grenzen würde darüber hinaus die schlimmsten Befürchtungen im Zusammenhang mit Globalhaushalten möglicherweise wahr werden lassen: Wenn staatlichen Entscheidungsträgern von Seiten der Hochschule mit der Einstellung begegnet wird: »Gebt uns das Geld und vertraut uns, wir werden schon das Richtige damit machen, schließlich haben wir unseren wissenschaftlichen Ethos!« – dann muss man sich nicht wundern, wenn letztlich Globalhaushalte tatsächlich nur als praktikables Instrument für staatliche Mittelkürzungen unter Abschiebung der Verantwortung auf die Hochschulen missbraucht werden.

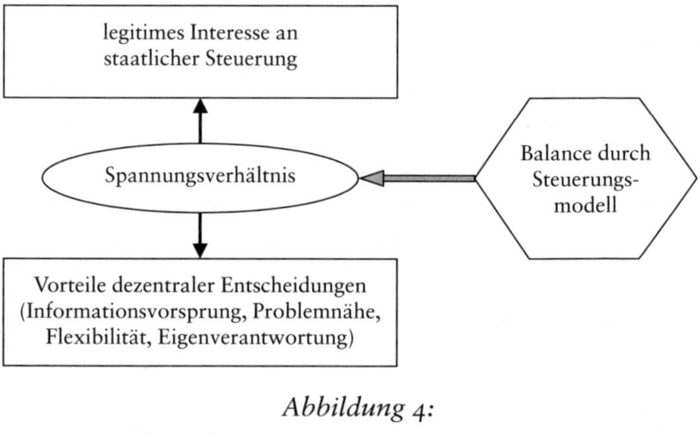

Abbildung 4:
Das grundlegende Spannungsverhältnis Staat – Hochschule

Finanzautonomie bedeutet daher nicht, dass Hochschulen völlig regellos und unabhängig von staatlichen Zielen agieren können; vielmehr zieht sich der Staat auf seine ordnungspolitische Rolle als Gestalter der Rahmenbedingungen für autonome Entscheidungen zurück. Aus den Rahmenbedingungen, insbesondere den Regeln für die Mittelvergabe, ergeben sich Belohnungen bzw. Sanktionen für das Hochschulverhalten, und dadurch werden Anreizwirkungen im Sinne staatlicher Zielsetzungen geschaffen: Über Anreize können Hochschulen dazu angehalten werden, den Umfang ihrer Aufgaben zu erweitern, was z. B. zu höheren »Mengen« an Forschungs- und Lehr-Outputs führen kann; darüber hinaus können Anreize zu Leistungssteigerungen und Anreize zur Realisierung von Innovationen gesetzt werden.

ordnungspolitische Rolle des Staates

Die Schwächen der alten finanziellen Steuerung

Anhand von vier Aspekten lässt sich deutlich machen, warum die traditionellen Instrumente der staatlichen Steuerung, nämlich die Kameralistik und der Inkrementalismus (d. h. der Fortschreibung von Haushalten mit prozentualen Zu- oder Abschlägen je nach Tarifentwicklung bzw. Haushaltslage), die genannten Anforderungen an Mittelvergabemodelle nicht erfüllen – und warum eine Veränderung des Steuerungsmodells erforderlich ist (Abbildung 5).

Zum einen provoziert *inputorientierte* Steuerung (durch Überprüfung der ordnungsgemäßen Verausgabung veranschlagter Sach-, Investitions- und Personaltitel) unwirtschaftliches Handeln und führt zu mangelnder Orientierung an staatlichen Zielsetzungen. Statt dessen sollte *outputorientiert* gesteuert werden, indem die Ergebnisse des Handelns an Hochschulen betrachtet und (im Hinblick auf staatliche Ziele) bewertet werden. Sind Zuweisungen unmittelbar mit

unwirtschaftliches Handeln

dem Ergebnis des Handelns verknüpft, lassen sie sich auch plausibel legitimieren.

Unterwanderung von Regulierungen

Zum anderen lenken *prozesspolitische*, regulierende staatliche Eingriffe die Anstrengungen der Hochschulen auf Umgehungsaktivitäten. Staatliche Regulierung zieht immer neue und feinere Regulierung nach sich, ohne jemals tatsächlich das Steuerungsziel zu erreichen. Stattdessen sollte ein *ordnungspolitischer* Ansatz verfolgt werden, bei dem Ergebnisse sowie der Weg dorthin nicht detailliert vorgeschrieben werden, sondern finanzielle Rahmenbedingungen und damit Anreize und Sanktionen für autonome Entscheidungen geschaffen werden. Die Hochschulen können Entscheidungen ohne staatliche Einmischung treffen – der Staat definiert aber finanzielle Rahmenbedingungen und legt damit die Konsequenzen autonomer Entscheidungen fest.

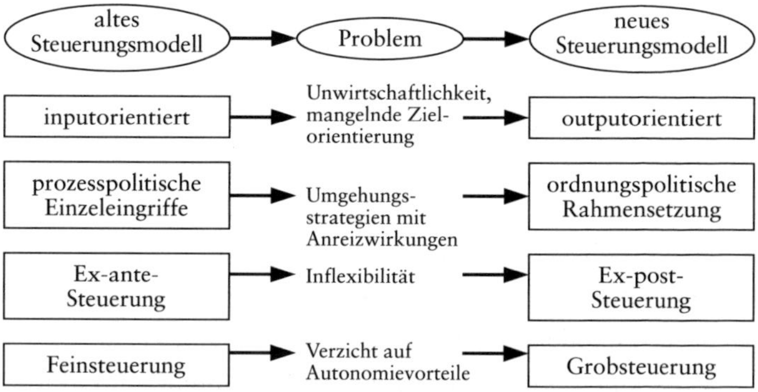

Abbildung 5: Veränderung des Steuerungsmodells bei der staatlichen Mittelvergabe

Inflexibilität

Zudem erzeugt eine Ex-ante-Steuerung, bei der Ergebnisse vorab festgelegt werden, Inflexibilität. Stattdessen sollte der Ansatz der *Ex-post-Steuerung* verwendet werden: Dezentrale Entscheidungsträger berücksichtigen deshalb staatliche Ziele, weil sie wissen, dass die Ergebnisse ihres Handelns hinterher am Zielbeitrag gemessen werden.

Und *schließlich* beseitigt eine staatliche Feinsteuerung die Vorteile dezentraler Autonomie. Statt dessen sollte das Verfahren der Mittelvergabe ein Instrument der staatlichen Grobsteuerung sein, das nicht alle Feinheiten und Besonderheiten berücksichtigen kann und sich auf wenige Lenkungsziele von hoher Priorität beschränkt. Ein »grobes« Modell erzeugt auch Transparenz und Nachvollziehbarkeit – entscheidende Eigenschaften im Hinblick auf die Anreizwirkung (denn die finanziellen Konsequenzen des eigenen Verhaltens werden für die Hochschulen klar, und man kann sich danach ausrichten) und Akzeptanz der Finanzierungsreformen.

staatliche Feinsteuerung

Die entscheidende Frage ist nun: Wie muss ein neues Finanzierungsmodell aussehen, das der skizzierten Multifunktionalität gerecht wird?

Anforderungen an staatliche Mittelzuweisungen

Leistungsorientierung heißt zunächst einmal, dass Entscheidungen von Hochschulen dann finanziell honoriert werden, wenn sie sich an bestimmten staatlich vorgegebenen Zielen orientieren. In ihrer Entscheidung, ob, in welchem Umfang und auf welche Weise sie dies tun, sind die Hochschulen aber autonom. Die Höhe der Globalzuweisung wird von der (subjektiv auf Basis staatlicher Ziele definierten) Leistung abhängig gemacht. Leistungsziele sind in erster Linie die wissenschaftliche Ausbildung von Studierenden oder Exzellenz in der Forschung; sie können aber auch in einer Verkürzung der Studienzeiten, der Minimierung von Kosten

Leistungen finanziell honorieren

bestehen oder Ziele wie Internationalisierung oder Frauenförderung umfassen.

Finanzierungsansprüche neu legitimieren

Zum anderen müssen Verfahren der staatlichen Mittelvergabe den Anspruch der Hochschulen auf staatliche Gelder neu legitimieren. Die traditionelle, kameralistische Legitimation der Ausgabentätigkeit – die »ordnungsgemäße Verausgabung« – ist mit dem Globalhaushalt entfallen. Das ist natürlich gut so, Gelder konnten im Sinne der kameralistischen Titelwirtschaft auch ordnungsgemäß verausgabt sein, wenn sie für eine Maßnahme mit völlig unsinnigem Ergebnis eingesetzt wurden. Es müssen also neue Mechanismen geschaffen werden, die das Volumen der Globalzuweisung und die autonomen Entscheidungen rechtfertigen. Daraus resultiert einerseits eine dauerhafte Absicherung der Autonomie, andererseits ein Schutz vor willkürlichen staatlichen Kürzungen globaler Zuweisungen. Die bloße Fortschreibung (das »Überrollen«) historisch gewachsener Haushalte kann dies nicht leisten. Historische Zufälligkeiten und noch mehr gewachsene Ungerechtigkeiten sind für die Hochschule eine schwache Argumentationsbasis für Budgetverhandlungen. Vielmehr ist ein Verfahren nötig, bei dem sich die Budgetvolumina auf rationaler, nachvollziehbarer Basis rechtfertigen lassen. Dadurch wird nicht zuletzt die Position der Hochschulen gegenüber anderen (finanziell konkurrierenden) Bereichen der Staatstätigkeit gestärkt. Wenn die Hochschulen nachweisen können, dass sie beispielsweise aufgrund von Leistungssteigerungen in der Forschung und aufgrund einer Ausbildung höherer Studierendenzahlen eigentlich erheblich mehr Geld »verdient« hätten, dann wird es der staatlichen Seite äußerst schwer fallen, sich bei budgetären Engpässen aus den Hochschulhaushalten zu bedienen.

Weiterhin muss ein neues Verfahren den Hochschulen Freiräume zu materieller Autonomie sichern. Dass der Staat Regeln setzt und setzen muss, ist unbestritten. Dies darf jedoch nicht bedeuten, dass es sich dabei um ausdifferenzierte Mechanismen der Feinsteuerung handelt. Dann bestünde die Gefahr, dass die formale Autonomie, Entscheidungen zu treffen, materiell ausgehöhlt wird, da die bestehenden Rahmenbedingungen die Entscheidungsalternativen stark einengen. Dazu gehören insbesondere auch Spielräume bei der hochschulinternen Mittelvergabe, die nicht durch das staatliche Verfahren vollständig präjudiziert werden sollten.

Freiräume zu materieller Autonomie sichern

Und *schließlich* muss ein neues Modell der Mittelzuweisung den Hochschulen eine stabile Finanzierung ihrer Aufgaben garantieren. Die vom neuen Modell ausgelösten Schwankungen müssen sich in Grenzen halten, so dass die Grundfinanzierung der Hochschulen gegeben ist. Erratische Schwankungen der Finanzströme würden die Planungssicherheit der Hochschulen gefährden und somit einen der Vorteile der Globalisierung, die Möglichkeit zu längerfristigen, strategischen Planungen, konterkarieren. Ein System, das andauernd so starke Schwankungen in der Mittelverteilung aufweist, dass (angesichts des hohen Anteils der Personalausgaben an den verausgabten Mitteln) daraus letztendlich ein permanentes *hire and fire* resultiert, kann nicht sinnvoll sein. Daher muss das Modell Stabilisierungsmechanismen enthalten. Dazu gehört beispielsweise die Verwendung gleitender Durchschnitte bei der Ermittlung von Finanzierungsindikatoren, aber auch die Integration von Zielvereinbarungen in Finanzierungsmodelle.

stabile Finanzierung garantieren

Zielkonflikt: Stabilität – Anreizsetzung

Leistungsorientierung ist zwar ein wesentliches Element, nicht aber die einzige Leitlinie für die Entwicklung neuer Verfahren der staatlichen Hochschulfinanzierung. Allerdings darf nicht übersehen werden, dass die unterschiedlichen Funktionen, die neue Verfahren der Hochschulfinanzierung erfüllen sollen, in einem Spannungsfeld liegen; so steht die Stabilisierung in einem Zielkonflikt zur Anreizsetzung: Letztere erfordert beispielsweise erhebliche finanzielle Reaktionen auf Leistungsänderungen, während die Stabilisierung eine Begrenzung finanzieller Schwankungen nahe legt. Das Design neuer Zuweisungsverfahren ist somit eine komplexe Aufgabe des Gewichtens und Ausbalancierens konkurrierender Anforderungen.

Balance zwischen Autonomie und Steuerung

Letztlich sorgt ein staatliches Finanzierungsverfahren dann für die richtige Balance zwischen Autonomie und Steuerung – und damit legt es die Grundlage für die Entwicklung wirtschaftlicher Hochschulen –, wenn es einerseits einen wettbewerblichen Anreizrahmen schafft, der Aufgabenerfüllung, Leistung und Innovationsfähigkeit von Hochschulen finanziell belohnt bzw. geringen Erfolg in diesen Bereichen finanziell sanktioniert; andererseits muss es eine stabile und kalkulierbare Finanzierung der Aufgaben sicherstellen, die von den Hochschulen per staatlichem Auftrag übernommen werden. Dabei müssen den Hochschulen tatsächliche Entscheidungsspielräume eingeräumt werden. Und schließlich muss der Anspruch der Hochschulen auf die staatliche Globalzuweisung – als Folge der Rationalität des Verfahrens – der Höhe nach plausibel begründet und legitimiert werden.

Prinzipien neuer staatlicher Finanzierungsmodelle

Daraus ergeben sich für die konkrete Modellgestaltung folgende Prinzipien und generelle Merkmale der Finanzierung von wirtschaftlichen Hochschulen.

1. *Der Globalhaushalt muss sich im Sinne der Multifunktionalität aus einer Kombination von volumen-, leistungs- und innovationsbezogener Finanzierung zusammensetzen.* Die *volumenbezogene* Finanzierung zielt auf die Kostenerstattung für die staatlich definierten Aufgaben der Hochschule und sorgt somit für die Grundfinanzierung der Aufgaben und für Anreize zu hoher Aufgabenübernahme. Die *leistungsbezogene* Finanzierung hingegen soll Anreize zu Verhaltensänderungen im Sinne staatlich/politisch definierter Leistungsziele erzeugen. Die *innovationsbezogene* Finanzierung soll spezielle Anreize zur Realisierung von Innovationen erzeugen. Alle drei Komponenten sind geeignet, Zuweisungen zu legitimieren. Die Zuweisungskriterien in den drei Bereichen müssen aufeinander abgestimmt sein. Die Gewichtung zwischen volumen- und leistungsbezogener Finanzierung ist Ausdruck der Balance zwischen Anreizsetzung und Stabilität. Ein erheblicher Teil des Globalhaushaltes sollte volumenbezogen zugewiesen werden.

volumen-, leistungs-, innovationsbezogene Anteile

2. *Das neue Modell muss formelgebundene und diskretionäre staatliche Zuweisungen enthalten.* Formelgebundene Finanzierung allein reicht nicht, denn diese ist nur für den Volumen- und den Leistungsteil des Modells geeignet. Bei der volumenbezogenen Finanzierung werden Mengen-Indikatoren verwendet, die das Volumen der Aufgabenübernahme (bezüglich Forschung, Lehre und möglicherweise weiteren politisch definierten Aufgaben) messen. Die Indikatorwerte werden mit Entgelten versehen, die sich an den

formelgebundene und diskretionäre Zuweisungen

Kosten der Aufgabenwahrnehmung orientieren. Die Leistungsindikatoren dagegen sollten die relative *performance* einer Hochschule im Vergleich zu einem bestimmten Referenzpunkt messen, z. B. im Vergleich zur *performance* der anderen Hochschulen im Hinblick auf die politischen Leistungsziele. Die realisierten Indikatorwerte werden mit Leistungsprämien honoriert, deren Höhe sich an den politischen Prioritäten ausrichtet.

Die innovationsbezogene Finanzierung erfolgt dagegen über diskretionäre Zuweisungen, d. h., einzelfallbezogene Zuweisungsentscheidungen nach dem Ermessen der Vergabeinstanz. Formeln sind an Indikatoren orientiert, die vergangene Aufgabenwahrnehmung und Leistung messen; sie sind somit zur Realisierung direkter und unmittelbarer Innovationsanreize (die eine Zukunftsorientierung erfordern) nicht geeignet. Somit sollte ein Innovationspool eingerichtet werden, dessen Mittel durch ein unabhängiges Expertengremium vergeben werden sollten.

kein Nullsummenspiel

3. *Das System der Mittelzuweisung darf nicht als Nullsummenspiel konzipiert werden, sondern soll ein variables Gesamtbudget in Abhängigkeit von Aufgabenübernahme und Leistung als Ergebnis der formelmäßigen Berechnungen zulassen.* Dadurch wird der inkrementelle Charakter der Budgetierung nicht nur für eine einzelne Hochschule, sondern auch für das gesamte Hochschulsystem überwunden. Anstelle eines Prozentualmodells mit anteiliger Zuweisung eines gegebenen Mittelvolumens (wie es in Nordrhein-Westfalen oder Rheinland-Pfalz besteht) ist zur Kalkulation eines Globalhaushaltes ein Preismodell mit definierten Zuweisungen pro Einheit des gemessenen Indikatorwertes erforderlich (diese Zuweisungen pro Einheit sind feste Entgelte oder Leistungsprämien). In einem Preismodell ist es

beispielsweise möglich, dass bei gegebener Leistung und gleichmäßig steigender Aufgabenübernahme aller Hochschulen das errechnete Gesamtbudget infolge einer Erhöhung des volumenbezogenen Anteils steigt. In einem Nullsummenspiel würde eine gleichmäßige Erhöhung der Aufgabenübernahme aller Hochschulen ohne finanzielle Konsequenzen bleiben und damit nicht belohnt werden.

parlamentarisches Recht

Nun wäre es naiv zu glauben, die staatliche Seite würde den Umfang des Hochschulbudgets dem »freien Spiel der Formelkräfte« überlassen. Natürlich stellt die Bestimmung des Budgetvolumens weiterhin ein elementares parlamentarisches Recht dar. Daher muss nachträglich trotzdem eine Möglichkeit für den Staat bestehen, das errechnete Budget gemäß den verfügbaren Mitteln zu korrigieren. Es steht dem Staat frei, im Anschluss an die Budgetberechnung in die Formeln einen Gewichtungsfaktor kleiner/größer 1 entsprechend der bestehenden Lage öffentlicher Haushalte einzubauen (analog zu dem in den Niederlanden verwendeten »Realisierungsfaktor«) und durch parlamentarischen Beschluss den Faktorwert festzulegen. Ergibt sich dadurch faktisch doch ein Nullsummenspiel, so ist dies nicht systemimmanent, sondern im Einzelfall politisch zu verantworten. Der Vorteil für die Hochschulen liegt darin, dass der Staat gezwungen ist, die Unterfinanzierung der Hochschulen über einen einfachen und transparenten Parameter offenzulegen. Die Variabilität des errechneten Haushaltsvolumens leistet damit einen entscheidenden Beitrag zur oben beschriebenen Legitimationsfunktion. Es fällt leistungsfähigen Hochschulen auf Basis dieses Modells leichter, gegenüber dem Staat gegen Kürzungen zu argumentieren und sich im Wettbewerb um staatliche Gelder gegen andere staatliche Aufgabenbereiche zu behaupten.

partielles Preismodell

Es gibt aber auch weitere Möglichkeiten, zumindest partiell ein Preismodell auch im Rahmen eines gegebenen Wissenschaftshaushaltes zu realisieren. Baden-Württemberg hat hier eine pragmatische Lösung gefunden: Dort werden im sogenannten »Anreizteil« des Zuweisungsmodells Veränderungen bestimmter Leistungsgrößen im Zeitablauf mit festen Zuweisungen pro Veränderung honoriert. Werden alle Hochschulen besser, bekommen sie auch mehr Geld nach diesen Kriterien. Die finanzielle Deckung erfolgt aus Zentralkapiteln, also zentralen Mitteltöpfen des Ministeriums, die entsprechend variabel gehalten werden.

Kriterien: Einfachheit, Transparenz, Nachvollziehbarkeit

4. *Wesentliche Anforderungen an das Mittelvergabemodell sind Einfachheit, Transparenz und Nachvollziehbarkeit.* Die Freiheit bei der hochschulinternen Mittelvergabe ist dann möglich, wenn sich die Mittelverteilung vom Land an die Hochschule nach groben Kriterien vollzieht und dadurch auf staatliche Detailsteuerung verzichtet wird. Das Modell muss einen einfachen Aufbau aufweisen, um transparent und nachvollziehbar zu sein. Auf diese Weise erhalten Reallokationen von Mitteln eine allseits erkennbare Legitimierung, die Akzeptanz des neuen Modells ist gegeben. Transparenz dient zudem der Realisierung der intendierten Anreize; damit die Hochschulen das gewünschte Verhalten zeigen, müssen sie die finanziellen Konsequenzen ihres Verhaltens abschätzen können. Das Gebot der Einfachheit und Transparenz bedeutet beispielsweise, dass die Zahl der berücksichtigten politischen Ziele nicht zu groß werden darf. Denn sonst besteht die Gefahr, dass eine zu große Zielvielfalt die Transparenz der Ziele erheblich mindert und die Funktionsfähigkeit des Modells gefährdet. Dies wäre der Fall, wenn verschiedene Anreizwirkungen sich konterkarieren oder wenn es sich gar nicht lohnt, ein-

zelne Indikatoren zu beeinflussen, da die finanziellen Auswirkungen minimal sind.

Zielvereinbarungen

5. *Das Zuweisungsmodell darf nicht ausschließlich die tatsächlich vorliegenden Mengeneinheiten als Indikatoren heranziehen (z. B. Ist-Werte der Studierenden, Absolventen); es soll auch über Zielvereinbarungen festgelegte Soll-Werte als Maß für die Aufgabenübernahme verwenden.* Dies stellt eine neue Rolle von Zielvereinbarungen dar, die beispielsweise in der Hochschulfinanzierung in Finnland, Australien und Neuseeland bereits realisiert ist. Zielvereinbarungen werden nicht nur als Rahmenbedingung für autonome Hochschulen unabhängig von konkreten finanziellen Mechanismen betrachtet, sondern sie werden direkt in Zuweisungsverfahren integriert. Dies hat zahlreiche Vorteile: Bei starken temporären oder zufallsbedingten Schwankungen der Ist-Werte kann Stabilität erzeugt werden, oder es können auf diese Weise Studienplätze in »Orchideen-«Fächern gesichert werden, die ansonsten der geringen Nachfrage zum Opfer fallen würden. Auch orientiert sich die staatliche Steuerung im Rahmen von Zielvereinbarungen nun am Ergebnis des Handelns der Hochschulen und nicht mehr an Inputgrößen, wobei zusätzliche staatliche Einflussmöglichkeiten bestehen, die jedoch eine konsensuale Entscheidungsfindung zwischen Staat und Hochschule voraussetzen.

Zielvereinbarungen können sich darüber hinaus langsamer an Entwicklungstrends anpassen als Ist-Werte und schaffen damit verlängerte Reaktionszeiten für die Hochschulen. Und schließlich stellen Zielvereinbarungen ein mögliches, systemendogenes Korrektiv für Fehlentwicklungen dar – beispielsweise könnten feststellbare Qualitätsprobleme längerfristig in den Zielvereinbarungen Niederschlag finden. Sinnvollerweise werden Zielvereinbarungen für die volumenbezogene Finanzierung verwendet. Auch für die Mittelvergabe aus Zentralpools, also die innovationsbezogene Finanzierung, sind Zielvereinbarungen ein geeignetes Instrument. Die Leistungsmessung sollte sich hingegen ausschließlich an den tatsächlichen Werten der Indikatoren orientieren.

politische Ziele als Prämisse

6. *Ein objektiv »richtiges« Zuweisungsmodell gibt es nicht, da jedes Modell unter der Prämisse bestimmter politischer Ziele zustande kommt.* Ob diese Ziele richtig sind, bzw. welche Ziele Priorität aufweisen sollten, ist von der Politik zu verantworten: Hier kommt den Parlamenten eine völlig neue Aufgabe zu, die sie in erheblichem Maße fordern wird.

Zwischen Scylla und Charybdis: Folgen für das Hochschulmanagement

Leitung

Diese Prinzipien und Charakteristika neuer Zuweisungsmodelle machen deutlich, was der Staat tun muss, wenn er die Finanzautonomie von Hochschulen zulässt: Er muss die Rahmenbedingungen für autonome Entscheidungen in adäquater Weise gestalten. Nicht minder wichtig ist ein zweiter Aspekt: Können die Hochschulen die Anforderungen, die aufgrund der Finanzautonomie und der neuen Zuweisungsverfahren an sie gestellt werden, mit den alten internen Verfahren, Entscheidungs- und Leitungsstrukturen bewältigen? Und wie werden Hochschulen, die über Finanzautonomie im beschriebenen Sinne verfügen, zu *wirtschaftlich* denkenden und arbeitenden Hochschulen?

Genauso wie der Staat, der für funktionsfähige Rahmenbedingungen sorgen muss, sind die Hochschulen gefordert,

Entscheidungen

die neugewonnene Freiheit in »gute« autonome Entscheidungen umzusetzen. Auch innerhalb der Hochschule gilt der Grundsatz *institutions matter* – die Qualität der hochschulinternen Entscheidungen wird nicht nur von der Person des jeweiligen Entscheidungsträgers, sondern auch von den Entscheidungs-, Willensbildungs- und Leitungsstrukturen bestimmt.

Zu fragen ist also: Welche Folgen haben die neuen Verfahren zur Bestimmung des Volumens von Globalhaushalten für das Hochschulmanagement und die Hochschulverwaltung? Von Interesse sind in diesem Zusammenhang die Erfordernisse, die von der Einnahmenseite ausgehen, nicht aber die mit der Ausgabenautonomie zusammenhängenden Aspekte. Dabei werden unter Hochschulmanagern alle verantwortlichen Entscheidungsträger der Hochschulen verstanden, sei es auf Instituts-, Fachbereichs- oder Hochschulleitungsebene.

Kollegialitätsprinzip und Gruppenhochschule

Auch hier zeigt sich, dass die bisherigen Grundlagen der Hochschulorganisation – das Kollegialitätsprinzip und die Prinzipien der Gruppenhochschule – nachhaltig in Frage gestellt werden müssen. Sie sind nur noch bedingt mit der Systematik neuer staatlicher Zuweisungsmodelle zu vereinbaren, da die Einführung neuer, formelgebundener Zuweisungsmodelle kaum ohne gewisse finanzielle Umverteilungen ablaufen wird. Dass historisch gewachsene Verteilungen mit der rationalen Mittelverteilung nach Indikatoren genau deckungsgleich sind, könnte sich höchstens zufällig in Einzelfällen ergeben. Auch werden die neuen Verfahren nicht in allen Hochschulen gleichermaßen die Aufgabenübernahme und die Leistung erhöhen. Daher ist auch die weitere Entwicklung durch Reallokationen und Schwankungen gekennzeichnet, wobei neben der »Scylla« Aufgabenerweiterung und Leistungssteigerung auch mit der »Charybdis« Stabilität gerechnet werden muss. Die Hochschulen müssen demnach schnell und flexibel auf die staatliche Finanzierung reagieren. Sie müssen auch hochschulintern zu Reallokationen von Mitteln unter Setzung von Prioritäten und Posterioritäten in der Lage sein.

Defizite und Grenzen der Steuerung

Können die bestehenden Entscheidungsstrukturen mit diesen Anforderungen fertig werden? Dies scheint aus mehreren Gründen nicht der Fall zu sein: Die derzeitige Gremien- und Gruppenstruktur neigt zur Konsensbildung auf kleinstem gemeinsamen Nenner, wenn nicht gar zu Negativkonsensen in Form einer Blockierung von Beschlüssen. Reallokationsentscheidungen sind damit kaum möglich. Die Struktur behindert zudem schnelle und flexible Entscheidungen, die ja eigentlich gerade zu den Vorzügen der Finanzautonomie gehören sollten. Zudem erfordern die in den Hochschulen anstehenden Allokationsentscheidungen ein gemeinsames Handeln auf der Basis korporativer Werte und Zielvorstellungen. Diese Basis ist aber nur noch bedingt gegeben, so dass eine konstruktive Einigung auf gemeinsam getragene Allokationsentscheidungen kaum möglich ist. Dies bedeutet, dass die Verfahren der Entscheidungsfindung und -durchsetzung innerhalb von Hochschulen überdacht und neu gestaltet werden müssen.

»Automatisierung« von Entscheidungen

So wird man Entscheidungen über die hochschulinterne Zuweisung von Mitteln in weiten Teilen »automatisieren« müssen, d. h., sie werden aus dem Zuständigkeitsbereich von Gremien herausgelöst und auf die Basis von Indikatoren- und Formelsystemen gestellt. Diese Systeme müssen sich zu einem gewissen Grad an das staatliche Formelsystem anpassen, da die Anreize aus dem staatlichen Modell auch in die Hochschule hineingetragen werden müssen, damit sich das individuelle Verhalten auch in den Fachbereichen und dezentralen Einrichtungen an den staatlichen Leistungszielen orientiert.

Aber auch hochschulintern geht nicht alles über Formeln. Auch diskretionäre Vergabeverfahren sind erforderlich. So kann es durchaus nötig sein, von der Richtung abzuweichen, die das staatliche Formelsystem vorgibt, um auf diese Weise aus Abwärtsspiralen in Bezug auf staatliche Indikatoren herauszukommen.

diskretionäre Entscheidungen

Dies erfordert komplexe Entscheidungen, welche die wichtige Rolle der Professionalisierung von Entscheidungsträgern deutlich macht. Diese müssen den Erfolg einer Investition abschätzen können. Und sie müssen in der Lage sein, die diskretionäre Mittelvergabe in Zielvereinbarungen zu kleiden und sie mit Indikatorwerten zu verbinden, damit die Erfolgsorientierung explizit abgesichert werden kann.

Professionalisierung

Beispiel: hochschulinterne Finanzzuweisung

Die staatliche Mittelzuweisung einer Hochschule sinkt aufgrund der geringen Forschungsleistung des Fachbereichs Chemie. Der Grund liegt in der Notwendigkeit einer Investition in Forschungsapparaturen, welche erst die Wettbewerbsfähigkeit herstellen. Die Hochschule kann in diesem Fall dem Fachbereich die Mittel für die Investition per diskretionärer Entscheidung zuweisen und an anderer Stelle sparen. Über die Erhöhung der Forschungsleistungen in der Chemie erhöhen sich die Forschungsleistungen der Hochschule und damit die staatlichen Finanzzuweisungen der folgenden Perioden. Würde die externe Mittelzuweisung die interne vollständig vorgeben, so könnte die Situation geringer Forschungsleistung nicht überwunden werden, da die momentan leistungsschwache Fakultät

entsprechend geringere leistungsorientierte Zuweisungen erhält und die nötige Investition nicht tätigen kann. Interne Spielräume ermöglichen es, leistungsschwache Bereiche durch gezielte Maßnahmen wieder stark zu machen, statt sie in einer abwärts führenden Spirale zwingend immer weiter zurückzuführen.

Strategieentwicklung

Das interne Vergabeverfahren muss aber auch mit den strategischen Zielen der Hochschule abgeglichen werden. Denn es geht ja nicht nur darum, kurzfristig die Einnahmen aus dem staatlichen Vergabeverfahren zu maximieren, sondern auch eigene strategische Ziele zu verfolgen, die der Profilbildung dienen. Und gerade hier zeigt sich, dass es wichtig ist, das staatliche Zuweisungssystem nicht zu engmaschig anzulegen, damit letztlich genügend Spielraum zur Profilbildung besteht.

Beispiel: Internationalisierung

Eine Hochschule betrachtet – im Sinne der wissenschaftlichen Erkenntnis und der internationalen Wettbewerbsfähigkeit – Internationalisierung als eine wesentliche Leitlinie ihrer Profilentwicklung. Allerdings werden Aspekte der Internationalität im staatlichen Zuweisungsmodell nicht berücksichtigt. In diesem Fall ist es selbstverständlich dennoch geboten, beispielsweise internationale Forschungskooperationen oder die Zahl ausländischer Studierender zum Element eines hochschulinternen Formelsystems zu machen. Die gleichen Überlegungen können auf Fachbereichsebene gelten. Möglicherweise kann es im Sinne langfristiger Zielsetzungen (evtl. auch in Bezug auf die Einnahmenerzielung!) sinnvoll sein, durch Abweichung vom staatlichen Modell auf kurzfristig erzielbare Einnahmen teil-

weise zu verzichten. Erneut zeigt sich die zentrale Bedeutung eines vorgelagerten, zielbildenden Prozesses.

Auch die Hochschulverwaltung braucht neue Steuerungs- und Kontrollinstrumente. Eine ihrer wesentlichen Aufgaben ist, über das Mittelvergabeverfahren und die realisierten Indikatorwerte und Finanzströme durch ein ausgebautes Berichtswesen im Sinne einer Kosten- und Leistungsrechnung innerhalb der Hochschule Transparenz herzustellen. Dadurch sollen alle Entscheidungsträger über die finanziellen Konsequenzen ihres Handelns informiert sein, so dass die gewünschten Anreize zustande kommen können. Die interne Mittelvergabe muss transparent und nachvollziehbar gestaltet werden. Die Hochschulverwaltung muss zudem die Voraussetzungen für erfolgreiche Anträge auf Mittel aus dem staatlichen Innovationsfonds schaffen, indem sie Informationen über die Vergabe bereitstellt und administrative Hilfe bei der Antragstellung leistet.

Hochschulverwaltung: Steuerungs- und Kontrollinstrumente

Kostenrechnung an der Fachhochschule Bochum

Seit Januar 1997 besteht an der Fachhochschule Bochum ein modernes Finanzmanagement auf der Basis einer integrierten und integrierenden Kostenrechnung. Es soll nicht nur zu mehr Kostentransparenz und Kostenverantwortung führen, sondern auch als Informations- und Planungsbasis zur Steuerung der Hochschule dienen. Dabei zeigt sich: Die Kostenrechnung ist die Bedingung dafür, dass eine leistungsbezogene Budgetierung im Rahmen von Zielvereinbarungen und damit ein modernes Kontraktmanagement mit entsprechender Messung der Zielerfüllung entstehen kann.

Mit der Einführung der Kostenrechung an einer staatlichen Hochschule entstand dort ein ökonomisch motiviertes Managementparadigma. Dies hat Auswirkungen auf nahezu alle Bereiche der traditionell juristisch geprägten Hochschulverwaltung, was begleitende und unterstützende Personal- und Organisationsentwicklungsmaßnahmen verlangt. Erforderlich wird aber auch Folgendes: Die Leistungen, die den ermittelten Kosten gegenüberstehen, müssen evaluiert werden, wobei das Ergebnis selbstverständlich nicht automatisch lauten kann: Hohe Kosten heißt »zu teuer«.

Quelle: DUZ-Special, Hochschulen machen Reform. Innovationsprojekte aus deutschen Hochschulen, Beilage zur DUZ vom 6.2.1998, S. 26–28.

Rechenschaftslegung und Öffentlichkeit

Durch neue und ausgebaute Formen der Rechenschaftslegung gegenüber der Öffentlichkeit muss das Hochschulmanagement die Voraussetzungen dafür schaffen, dass die staatliche Seite den Hochschulen die gewünschte finanzielle Priorität einräumt. Dabei ist es insbesondere auch wichtig, die qualitative Dimension in Forschung und Lehre gegenüber der Öffentlichkeit deutlich zu machen. Aktivitäten müssen auch über ihren Nutzen für die Gesellschaft begründet werden; das Stichwort in diesem Zusammenhang lautet »*value for money*«. In diesem Sinne ist es beispielsweise Aufgabe einer offensiven Öffentlichkeitsarbeit, Forschung als Investition in die Zukunft (und nicht, wie nach traditionellem Verständnis, als kulturelle Aufgabe der Hochschule) darzustellen. Es deutet sich an, dass vom Hochschulmanagement ein wirksames »Hochschulmarketing« implementiert werden muss. Letzteres ist aber auch ein wesentliches Element einer neuen Finanzierungsbasis für die Hochschulen, die sich über die staatlichen Zuwendungen hinaus zusätzliche Finanzquellen erschließen und eine diversifizierte Einnahmensbasis schaffen müssen.

Diversifizierung der Einnahmenseite

staatliche Hochschulfinanzierung

Dass staatliche Hochschulen auch weiterhin in ganz überwiegendem Maße staatlich finanziert werden (müssen), darüber besteht kein Zweifel und daran wird sich auch in Zukunft nichts ändern. Denn Hochschulbildung ist ein Gut mit gesellschaftlichem Nutzen, das mit öffentlichen Mitteln gefördert werden muss. Und nicht anders verhält es sich mit der (Grundlagen-)Forschung, die im erforderlichen Maße nur an Hochschulen bzw. anderen öffentlich geförderten Forschungseinrichtungen, nicht aber in der gewinnorientierten Wirtschaft entstehen und betrieben werden kann. Daher verwundert es auch nicht, wenn auch das Budget der großen amerikanischen Privatuniversitäten einen großen Anteil staatlicher Mittel aufweist: So stammen z. B. 40 Prozent der Einnahmen der Stanford University aus Bundesforschungsmitteln.

Diversifizierung der Einnahmen

Dennoch werden wissenschaftliche Hochschulen an einer Diversifizierung ihrer Einnahmequellen nicht vorbeikommen – zur Sicherung ihrer Wettbewerbsfähigkeit und zur Erweiterung ihrer Spielräume für profil- und qualitätsorientiertes Handeln. Wirtschaftliche Hochschulen werden sich daher aktiv um die Weiterverwertung von Forschungsergebnissen (Patente, Gebrauchsmuster etc.) kümmern müssen; sie werden Gebühren für bestimmte gesellschaftliche Dienstleistungen erheben und versuchen zu müssen, Einnahmen z. B. aus der Vermietung von Räumen, aus Angeboten im

Bereich der Weiterbildung oder aus Laborleistungen zu erzielen. Und sie werden eigene Fundraising-Aktivitäten entfalten müssen, um Spenden oder Einkünfte aus dem Hochschulsponsoring zu erzielen.

Gestaltung der Rahmenbedingungen

In welchem Umfang derartige Aktivitäten unternommen und wo die Schwerpunkte gelegt werden – das liegt im Ermessen einer jeden Hochschule. Auf der Grundlage ihrer Autonomie auch in finanziellen und wirtschaftlichen Dingen müssen sie sich darum bemühen, ihre Position im Wettbewerb um Drittmittel – nicht nur in der Forschung – zu sichern. Der Staat muss dabei die grundlegenden Anreize schaffen, indem er die autonome Einnahmenerzielung in den beschriebenen Bereichen zulässt.

Studienbeiträge

Selbstverständlich gehören in der Zukunft auch Einnahmen aus Beitragsleistungen von Studierenden mit dazu, die sich direkt an den Kosten ihres Studiums werden beteiligen müssen. Derartige Beitragsleistungen, die ohne Frage der jeweiligen Hochschule zufließen müssen, sind nicht nur aus fiskalischen Gründen, sondern viel mehr noch unter strukturellen und wettbewerblichen Gesichtspunkten heraus von einiger Bedeutung. Eines muss allerdings deutlich gesagt werden: Studiengebühren beinhalten Chancen und Risiken. Daher kommt es auf die genauen Modalitäten an, unter denen sie eingeführt werden sollen. Und es kommt auf ihre Einbettung in einen hochschulpolitischen Gesamtzusammenhang an. Isolierte Einzelmaßnahmen sind hier ebenso schädlich wie »verdeckte« Studiengebühren in Form von Einschreibe- oder Rückmeldegebühren oder als Sanktionsinstrument für Langzeitstudierende.

Die Frage ist daher, wie und in welchem Modell die Risiken von Studiengebühren – und diese sind zweifelsfrei vorhanden – minimiert, die Chancen dagegen genutzt werden können.

Studiengebühren – Chancen und Risiken

Zunächst zu den Risiken, auf die in der politischen Diskussion von verschiedener Seite verwiesen wird. Diese sind – in einer verkürzten Darstellung – die folgenden: *Risiken*

- *Sozialpolitisch:* Gebühren schaffen materielle und psychologische Zugangsbarrieren für sozial Schwache. Das Gebot der Chancengleichheit wird verletzt.
- *Bildungspolitisch:* Gebühren schrecken von einem Studium ab. Damit wird eine zentrale Anforderung der Wissensgesellschaft ignoriert.
- *Hochschulpolitisch:* Durch die mangelnde Akzeptanz von Studiengebühren auf Seiten der Beteiligten entstehen Friktionen. Es wird Proteste gegen Studiengebühren geben, nicht aber gegen schlechte Lehrleistungen.
- *Hochschulpolitisch:* Studierende sind gezwungen, neben ihrem Studium zu arbeiten. Dies verlängert die Studiendauer.
- *Finanzpolitisch:* Gebühren werden für die Sanierung staatlicher Haushalte zweckentfremdet.
- *Finanzpolitisch:* Das Beitragsaufkommen wird durch Verwaltungskosten aufgezehrt.
- *Verteilungspolitisch:* Gebühren stehen im Widerspruch zum Familienlastenausgleich.

Diesen Risiken stehen – ebenfalls verkürzt dargestellt – die folgenden Chancen gegenüber: *Chancen*

- *Verteilungspolitisch:* Reine Steuerfinanzierung eines gemischten Gutes ist nicht vertretbar (Leistung – Gegenleistung). Das derzeitige System verteilt von »arm« zu »reich«.

- *Hochschulpolitisch:* Studiengebühren – verstanden als Drittmittel für die Lehre – reduzieren das Ungleichgewicht im finanziellen Anreizsystem, wo sich Forschung mehr lohnt als die Lehre. Es entsteht ein Wettbewerb um Studierende als zahlende Nachfrager.
- *Hochschulpolitisch:* Es entstehen Anreize für Studierende, ihr Studium effizient zu gestalten und attraktive Lehrleistungen aktiv einzufordern.
- *Verteilungspolitisch:* Scheinstudierende, die nur geldwerte Vorteile nutzen, verlassen die Hochschule.
- *Finanzpolitisch:* Die Unterfinanzierung der Hochschulen kann durch Gebühren gemindert werden.

Studienbeitragsmodell: 1. Beiträge direkt an die Hochschulen

Ein Modell, das die genannten Chancen nutzt, bestehende Risiken aber minimiert, muss eine unmittelbare Beziehung zwischen Hochschulen und Studierenden herstellen (Abbildung 6). Die Beitragsleistung muss also direkt an die jeweilige Hochschule erfolgen und dort zweckgebunden für Lehre und Studium eingesetzt werden. Die Bundesländer müssen hierzu die Hochschulen zur Erhebung von Studienbeiträgen gesetzlich ermächtigen.

2. Jeder ist beitragspflichtig

Grundsätzlich muss jeder Studierende einen Beitrag pro Semenster entrichten. Eine Ausnahmeregelung kann für die ersten beiden Hochschulsemester gelten, damit Studienanfänger feststellen können, ob das gewählte Studium »sein Geld wert ist«. Auch kann ein bestimmter Prozentsatz an Freiplätzen zur Verfügung gestellt werden, um kumulative Effekte mit Rückzahlungsverpflichtung nach dem BafÖG zu vermeiden.

3. Darlehen mit einkommensabhängiger Rückzahlung

Das entscheidende Element eines sozial gerechten Studiengebührenmodells liegt aber darin, dass die Möglichkeit besteht, Darlehen mit einkommensabhängiger Rückzahlung nach Studienabschluss aufzunehmen. Diese Darlehen können von privaten oder öffentlich-rechtlichen Banken zum Kapitalmarktzins vergeben werden. Die Darlehenssicherung könnte eine »Studienkreditanstalt« in voller Höhe übernehmen. Rückzahlungsausfälle können über eine Rücklage gedeckt werden. Im Sinne geringer Verwaltungskosten sollte die Darlehensvergabe an keine Bedingungen geknüpft werden.

kein Rückzug des Staates

Natürlich muss verhindert werden, dass der Staat sich im Umfang des Beitragsaufkommens aus der Hochschulfinanzierung zurückzieht. Dazu sind eine Fixierung des staatlichen und privaten Anteils an der Hochschulfinanzierung und die Einführung formelgebundener, an Studierenden-Indikatoren gekoppelter staatlicher Zuwendungen vorzusehen.

Hochschulzugang

Von einem derartigen Modell – von Stifterverband und CHE Centrum für Hochschulentwicklung im Mai 1998 veröffentlicht – sind über die fiskalischen Gesichtspunkte hinaus insofern deutliche positive Steuerungseffekte zu erwarten, als zwischen Studierenden und Hochschulen eine direkte Anbieter-Nachfrager-Beziehung geschaffen wird und sich die Höhe der verfügbaren Mittel einer Hochschule auch – selbstverständlich nicht ausschließlich – aus dem studentischen Wahlverhalten ergibt. Dies fördert den Wettbewerb der Hochschulen um Studierende und um attraktive Studienangebote. Auch aus diesem Grund werden wir über kurz oder lang um Studienbeiträge nicht herumkommen. Das wird ja inzwischen selbst von der Seite zugegeben – wenngleich bislang noch hinter vorgehaltener Hand –, auf der der ideologisch motivierte Widerstand bislang noch am größten ist.

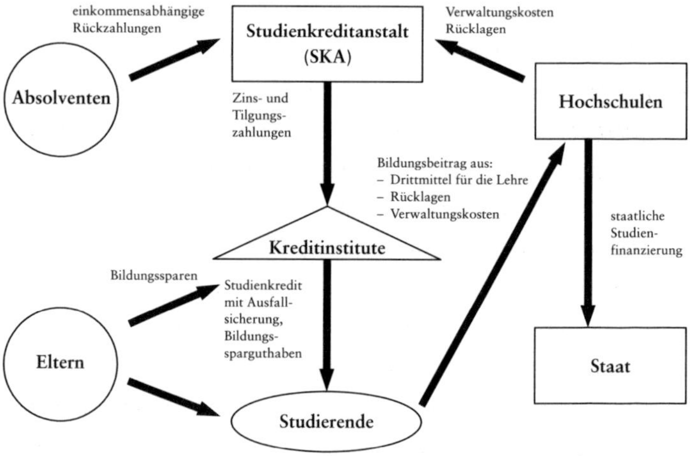

Abbildung 6: Studienbeitragsmodell

Studienbeitragsmodell: die wichtigsten Vorteile

»Das Studienbeitragsmodell stellt einen Versuch dar, die Vorteile der verschiedenen Gestaltungsvarianten der Gebührensysteme miteinander zu vereinbaren. Dabei weist das Modell in allen dargestellten Varianten insbesondere die folgenden Vorzüge auf:

- *Das System schafft eine Vielzahl von Anreizen zu effizientem Handeln für Hochschulen, Studierende und Staat.*
- *Es erfolgt ein schneller und direkter Mittelzufluss an die Hochschulen.*
- *Zugangsbarrieren zum Studium werden vermieden.*
- *Die Mechanismen zur Gewährleistung von Verteilungseffekten, die den grundlegenden Vorstellungen von Gerechtigkeit entsprechen, sind im Modell enthalten.*
- *Es entsteht grundsätzlich kein Bedarf an zusätzlicher staatlicher Finanzierung. Dies ist das entscheidende Argument für die politi-*

sche Durchsetzbarkeit des Studienbeitragsmodells in der aktuellen Krisensituation der öffentlichen Haushalte.
- *Mit der Studienkreditanstalt ist im Modell eine Institution integriert, die die Finanzströme steuert und über die ein finanzielles Gleichgewicht im System hergestellt werden kann.*
- *Die Vorteile marktlicher Mechanismen und gemeinschaftlicher Elemente werden miteinander kombiniert: Einerseits werden wettbewerbliche Anreize realisiert; Finanzmittel aus dem Bankensektor gelangen in den Finanzierungskreislauf. Andererseits werden zinsgünstige Kredite durch die Übernahme des Ausfallrisikos möglich; eine effiziente und einkommensabhängige Methode der Rückzahlung durch die Absolventen wird realisiert.«*

Quelle: Stifterverband für die Deutsche Wissenschaft/CHE Centrum für Hochschulentwicklung, Modell für einen Beitrag der Studierenden zur Finanzierung der Hochschulen (Studienbeitragsmodell), Mai 1998, S. 20.

Prinzip »Geld folgt Studierenden«

Nachfrage- und Wettbewerbselemente lassen sich aber auch durch den Grundsatz »Geld folgt Studierenden« (GefoS) erzielen, der bei der staatlichen Hochschulfinanzierung praktiziert wird. Danach bestimmt sich ein Teil des Gesamtbudgets einer Hochschule aus der Zahl der Studierenden, die sich dort eingeschrieben haben (und damit aus der »Abstimmung mit den Füßen«). Dabei kann bei der Berechnung des staatlichen Zuschusses mit unterschiedlichen Preisen für unterschiedliche Fächer gearbeitet werden, und natürlich müssen auch Sicherungen gegen extreme Schwankungen eingebaut werden. Und da der Wettbewerb nicht an Landesgrenzen aufhört, wird man Studierende direkt mit staatlichen Finanzmitteln aus dem Herkunftsland versehen müssen, die sie dann an ihren tatsächlichen Studienort mitnehmen.

Wettbewerb durch Bildungsgutscheine

Das geht dann weiter als die bisherigen Ansätze in Deutschland, die eine studentische Nachfragekomponente nur innerhalb einzelner Bundesländer wirksam werden lassen. Stattdessen wird ein bundesweiter Wettbewerb realisiert. Bildungsgutscheine sind hier das Stichwort, die man an der Hochschule seiner Wahl einlöst. Alternativ dazu kämen Ausgleichszahlungen zwischen den Ländern in Betracht. Jedenfalls finden damit die wettbewerblichen Anreize durch private Studienbeiträge der Studierenden eine konsequente Ergänzung bei der staatlichen Hochschulfinanzierung.

Internationalisierung

Der Wettbewerbsgedanke wird auf diese Weise nicht nur auf das Verhältnis zwischen den Hochschulen angewandt – auch die Bundesländer konkurrieren in diesem System verstärkt um die beste Hochschul- und Bildungspolitik. Und warum sollte dieser Wettbewerb an den nationalen Grenzen enden? Mit dem Übergang zu Finanzierungsmodellen, die sich am GefoS-Prinzip orientieren oder sich in Form von Bildungsgutscheinen realisieren, wird zugleich der Einstieg in ein europäisches Hochschulsystem und in einen europäischen Bildungsmarkt geschaffen, wo die Einlösung des Rechts auf Hochschulbildung auch außerhalb des Heimatlandes erfolgen kann: Man trägt eine bestimmte Summe »Bildungsgeld« und eine bestimmte Anzahl an Bildungsgutscheinen mit sich – wann und wo diese dann auf dem Markt eingelöst werden, bleibt letztlich jedem selbst überlassen.

Kapitel VII

Die internationale Hochschule

Die internationale Hochschule

»Internationalität ist Teil des Wesens von Wissenschaft«, stellte der Wissenschaftsrat vor einigen Jahren fest. Folglich ist Internationalität auch ein wesentliches Merkmal derjenigen Institutionen, in denen Wissenschaft betrieben wird, also auch und insbesondere der Hochschulen. Diese müssen international wettbewerbsfähig sein und über international kompatible Strukturen verfügen. Gerade in dieser Hinsicht konstatiert der Wissenschaftsrat jedoch gravierende Defizite:

Diagnose

> »Das Bildungs- und Hochschulsystem sowie das damit verbundene Berechtigungswesen der Bundesrepublik Deutschland weichen von den Standards ab, die die englischen bzw. anglo-amerikanischen, aber auch die französischen Bildungssysteme etabliert haben (...). Die Aufnahme eines Studiums innerhalb solcher weitgehend

homogener Systeme erscheint daher vielfach als der naheliegendere Weg. Im Vergleich mit diesen Systemen empfinden viele ausländische Studenten das Studium an deutschen Universitäten als zu wenig strukturiert. Auch die Länge der Studienzeiten an deutschen Universitäten wird von Studenten, die ein Vollstudium anstreben, als Hemmnis empfunden. Als schwierig erweist sich zudem die Frage der Anerkennung der Hochschulabschlüsse. (...) [Dies] führt dazu, daß die Möglichkeit eines Studiums in der Bundesrepublik Deutschland auf viele ausländische Studenten nur einen geringen Reiz ausübt; sie geben anderen Ländern und Ausbildungssystemen den Vorzug« (Wissenschaftsrat, Empfehlungen zur Internationalisierung der Wissenschaftsbeziehungen, Köln 1992, S. 50).

unzureichende internationale Attraktivität

Diese nicht gerade schmeichelhafte Diagnose hat grundsätzlich nichts von ihrer Aktualität verloren, wenngleich in letzter Zeit einige wichtige und richtige Reformmaßnahmen eingeleitet wurden. Dabei gab bis vor kurzem vor allem die sinkende oder bestenfalls stagnierende Zahl ausländischer Studierender an deutschen Hochschulen (insbesondere von Studierenden aus dem asiatisch-pazifischen Raum) Anlass zur Sorge – eine Entwicklung, die zur Diagnose führte: Im internationalen Kontext mangelt es den deutschen Hochschulen an Attraktivität.

International attraktiv? Ausländische Studierende an deutschen Hochschulen

- *Insgesamt studierten 1995 etwa 145 000 Ausländer an deutschen Hochschulen; auf den ersten Blick erscheint diese Zahl recht hoch.*
- *Allerdings ist davon etwa die Hälfte den sog. Bildungsinländern zuzurechnen (Ausländer, die ihre Hochschulzugangsberechtigung in Deutschland erworben haben); dies mag u. a. für Studierende mit türkischer Staatsangehörigkeit gelten (1975: 4 208; 1994: 20 000).*
- *Die Zahl der Auslandsstudenten aus Asien ist zwar zwischen 1990 und 1995 von 30 000 auf 34 000 angestiegen (wobei jedoch deutliche Unterschiede zwischen den einzelnen Ländern bestehen:* Thailand: 1975: 267; 1995: 248; Korea: 1974: 614; 1994: 4 738);
- *allerdings nimmt der Anteil der in Deutschland studierenden Studenten aus Asien gegenüber dem Anteil der Studenten, die in andere Länder gehen, deutlich ab: Beispiel Indonesien: 1975 studierten 3 324 Studenten aus Indonesien in Deutschland; 1995 nur noch 2 095; 1975 gingen noch knapp 50 Prozent aller indonesischen Auslandsstudenten nach Deutschland, 18 Prozent in die USA; 1994 ist das Verhältnis umgekehrt. Beispiel Japan: 1995 studierten 1 602 Japaner in Deutschland (1975: 1 137); allerdings studiert die Hälfte Musikwissenschaft; künftige Führungskräfte in der Wirtschaft werden dagegen in den USA ausgebildet.*

Quelle: Bundesministerium für Bildung, Wissenschaft, Forschung und Technologie, Grund- und Strukturdaten 1997/98, Bonn 1997.

Und so stellt sich folglich auch die Frage, wie und durch welche strukturellen Reformen die Position der deutschen

Hochschulen im internationalen Wettbewerb gestärkt und ihre internationale Attraktivität verbessert werden könnte.

Internationalität im geregelten Kulturföderalismus

Gegenmaßnahmen

Um dieses Problem zu klären, wurde 1995 eine Arbeitsgruppe der Bund-Länder-Kommission (BLK) zum Thema »internationale Attraktivität« eingerichtet. Die Arbeitsgruppe machte sich mit Elan an die Arbeit; allerdings wurden die Beratungen alsbald wieder auf Eis gelegt – und das aus einem Grund, der für die deutsche Situation und das zu behandelnde Problem fast schon symptomatisch ist: Nach einer publikumswirksamen Pressekonferenz der damaligen Bundesminister Kinkel und Rüttgers, auf der Maßnahmen zur Behebung des konstatierten Defizits vorgestellt wurden, fühlten sich die Länder – und die Ländervertreter in der genannten Arbeitsgruppe – so brüskiert, dass sie aus Protest die Arbeit wieder einstellten. Dass die vorgebrachten Maßnahmen keinesfalls revolutionär waren und sich von dem, was in der BLK beraten wurde, eigentlich nicht unterschieden, spielte keine Rolle. Geächtet wurden lediglich ein (vermeintlicher) Eingriff in die Kulturhoheit der Länder und die Missachtung des sensiblen deutschen Kulturföderalismus.

Hochschulpolitik und Föderalismus

Diese deutsche Pittoreske verdeutlicht zweierlei: *zum einen*, in welchem komplexen und komplizierten System in Deutschland Hochschulpolitik betrieben wird und dass der Kultur*egoismus* einzelner Länder vielfach den erforderlichen Reformen im Hochschulbereich entgegensteht. Hochschulpolitik ist in Deutschland Sache des »Landesherrn«. Dafür mag es gute Gründe geben, und es soll auch nicht der Anschein erweckt werden, als sei ein hochschulpolitischer Zentralismus eine echte Alternative. Allerdings wird der Föderalismus, was förderlich wäre, nicht kompetitiv, sondern in erster Linie kooperativ betrieben, was häufig zu Kompromissen auf dem Niveau des kleinsten gemeinsamen Nenners führt und Entscheidungsblockaden nicht ausschließt. Dies ist wohl auch ein Grund dafür, warum Deutschland auf europäischer Ebene hochschulpolitisch kaum eine Rolle spielt.

geregelte Internationalität

Zum anderen ist sie aufschlussreich mit Blick auf die Rolle des Staates gegenüber den Hochschulen. Die internationale Attraktivität von Hochschulen, so scheint es, fällt nicht primär in den Aufgabenbereich der einzelnen Hochschule; sie muss durch staatliche Maßnahmen hergestellt und geregelt werden. Die Autonomie der Hochschulen bei der Definition ihres Profils – und dieses kann ja auch ein dezidiert internationales Profil sein – tritt dabei in den Hintergrund. Dies wiederum legt den Umkehrschluss nahe, dass ihre fehlende internationale Attraktivität ebenfalls das Ergebnis staatlicher Regelungen sein könnte. Ganz falsch ist diese Annahme nicht: Man denke nur an den immensen Aufwand, der betrieben wird, um z. B. Rahmenprüfungsordnungen und Rahmenstudienordnungen festzulegen mit dem Ziel, eine größtmögliche Einheitlichkeit im Hochschulsystem herzustellen. Dass dabei in erster Linie auf (scheinbare?) Bedürfnisse des *nationalen*, wenn nicht gar regionalen Bildungsmarktes abgezielt wird und dies nicht unbedingt die internationale Orientierung der Hochschulen fördert, liegt auf der Hand.

Strategie-entwicklung

Was die Hochschulen aber brauchen, sind gerade keine weiteren staatlichen Regulierungen, Erlasse und Verordnungen, also *keine* Prozesssteuerung des Hochschulbetriebs durch den Staat, der in der Vergangenheit immer wieder versucht hat, über direkte Eingriffe in die Hochschulen die Arbeits- und Entscheidungsprozesse unmittelbar festzulegen. Damit sollten akute Defizite und (offensichtliche oder angenommene) Missbräuche behoben werden. Unter dem Druck der staatlichen Regelungsdichte mutiert die Hochschule dann zur nachgeordneten Behörde, deren Aufgabe sich im reibungslosen Vollzug von Verordnungen und Vorgaben erschöpft.

Flexibilität und Reagibilität als Voraussetzungen

Damit ist zugleich angedeutet, in welchem Zusammenhang Bemühungen zur Verbesserung der Internationalität des Hochschulsystems gesehen werden müssen, nämlich im Zusammenhang mit dem Übergang zu einem neuen Steuerungssystem, das auf der institutionellen Autonomie von Hochschulen beruht und ihre Flexibilität und Reagibilität wiederherstellt. Wohin Freiräume für eigenverantwortliche Entscheidungen führen können, zeigt das Beispiel des Hochschulrahmengesetzes von 1998, das vom Bundespräsidenten im August unterschrieben und damit rechtsgültig wurde. Die dort eröffnete Möglichkeit, gestufte Bachelor- und Masterstudiengänge zu schaffen, wurde von vielen Hochschulen bereits im Vorgriff aufgenommen, und im September desselben Jahres gab es schon mehr als 120 Bachelor- und Master-Angebote an Universitäten und Fachhochschulen.

Vergebliche Reformversuche

gut gemeint. . .

Die institutionelle Autonomie und Handlungsfähigkeit muss also auch beim Thema Internationalisierung den Ausgangspunkt aller Bemühungen markieren. Zu kurz greifen dagegen all jene Vorschläge, die lediglich auf punktuelle Veränderungen abzielen und übergreifende Bezüge ignorieren. Dies gilt auch für die von einer nunmehr ehemaligen Wissenschaftsministerin vorgebrachten Vorschläge, an den Hochschulen spezielle, curricular ausgestaltete und gut organisierte Lehr- und Studienangebote für ausländische Studierende zu entwickeln, für günstige Betreuungsrelationen zu sorgen und Vorlesungen in englischer Sprache anzubieten.

Punktuelle Veränderungen

So gut diese Vorschläge auch gemeint sein mögen: Sie lösen nicht das Problem, sondern schaffen lediglich eine neue Variante des »dualen Systems«, das im Hochschulbereich zwischen Studienstrukturen und -bedingungen für ausländische und inländische Studierende unterscheidet. Ob derartige »Parallelaktionen« tatsächlich die erwünschten Veränderungen herbeiführen können, ist mehr als fraglich. Denn ohne tiefergreifende Veränderungen in den Strukturen und der Organisation des Studiums wird das Ziel einer stärkeren Internationalisierung wohl kaum zu erreichen sein.

... zwei-Klassen-system

Nun stößt aber diese Einsicht auf den organisierten Widerstand von Hochschulverbänden und Studentenvereinigungen. Gewarnt wird unisono vor der drohenden »Verschulung« und »Entwissenschaftlichung« des Studiums – eine Gefahr, die immer dann beschworen wird, wenn von einer deutlicheren Strukturierung von Studiengängen und einer Stufung von Abschlüssen die Rede ist. So unterschiedlich die dabei vorgebrachten Argumente auch sein mögen: Was in dieser Ablehnung letztlich zum Ausdruck kommt, sind ein grundsätzliches Dilemma und eine tieferliegende Spannung, die unser Hochschulsystem durchzieht.

Warnung: Entwissenschaftlichung und Verschulung

Persönlichkeitsentwicklung vs. Arbeitsmarktverwertbarkeit?

Es ist dies die Spannung, die Bildung von Ausbildung trennt und beide Begriffe mit unterschiedlichen »Welten« assoziiert. Denn während der Bildungsbegriff einen Raum des tendenziell interessenlosen, auf die Entwicklung des ganzen Menschen ausgerichteten Studierens markiert und von daher vom Bereich der Praxis distanziert ist, ist der Begriff der Ausbildung ganz wesentlich ziel- und zweckgerichtet, d. h. auf den Erwerb von Kenntnissen und Fähigkeiten ausgerichtet, die auf ihre Anwendung und Umsetzung in der Praxis warten. Von daher ist der Prozess der Ausbildung einer Strukturierung und einer Einbindung in Ausbildungsprogramme weniger verschlossen als der Bildungsprozess, der eindeutig ethische Dimensionen besitzt und primär eine Aufgabe des Einzelnen ist.

taktische Allianzen

Nun ist es für die deutsche Hochschul- und Bildungspolitik durchaus charakteristisch, dass je nach Bedarf entweder der Bildungs- oder der Ausbildungsaspekt bemüht wird. So schlägt man sich gern auf die Seite der Bildung, wenn es etwa um die (in ihrer Tendenz zumeist abwertende) Beurteilung angeblich verschulter Hochschulsysteme anderer Länder – insbesondere der USA – geht, denen gern das hehre Humboldt'sche Ideal des Studierens »in Einsamkeit und Freiheit« oder das Verständnis der Hochschule als »Gelehrtenrepublik« entgegengehalten wird. Andererseits betont man immer dann die Ausbildungsseite, wenn »Bildung« zu Missständen wie langen Studienzeiten, Orientierungslosigkeit in unstrukturierten Studiengängen etc. führt. Dann hätte man es gern, wenn Universitäten stärker ihre Funktion als Einrichtungen der Berufsausbildung und -vorbereitung wahrnehmen würden; und dann fühlt sich auch die

Ministerialbürokratie berufen, an den Hochschulen nach dem rechten zu sehen – und sie einer Fülle von Detailregelungen zu unterwerfen.

So bleibt die Spannung zwischen Bildung und Ausbildung letztlich ungelöst – und vielleicht muss sie das auch immer sein. Jedenfalls bleibt die Vermutung, dass in dieser ungelösten Spannung auch eine der Ursachen dafür zu suchen ist, dass die Studienstrukturen an deutschen Hochschulen jenes Maß an internationaler Inkompatibilität aufweisen, das gemeinhin als Ursache für ihr Attraktivitätsdefizit gehandelt wird. Interessant ist in diesem Zusammenhang aber auch der Hinweis auf die Hochschulpolitik der Europäischen Union, der ein dezidierter *Ausbildungs*begriff zugrunde liegt. Sowohl im Vertrag von Rom als auch im Maastricht-Vertrag, jüngst auch wieder in der Bologna-Erklärung wird Hochschulausbildung eindeutig als Berufsvorbereitung definiert: Hochschulen vermitteln diejenigen Fähigkeiten, die zur späteren Berufsausübung erforderlich sind. Man mag dies durchaus kritisch beurteilen. Eines wird jedoch deutlich, nämlich die Notwendigkeit, den in Deutschland weithin gültigen Bildungsbegriff differenziert – und zwar auch mit Blick auf seine »Europatauglichkeit« – zu hinterfragen.

Ausbildung in Europa

Bachelor und Master: Modeerscheinung oder Notwendigkeit?

Nun wird aber eine stärkere Differenzierung der Studienstrukturen durch die Einführung gestufter Abschlüsse langsam aber sicher zur Realität an deutschen Hochschulen. Zur Verstärkung der internationalen Dimension und zum

gestufte Abschlüsse

Abbau struktureller Inkompatibilitäten ist dies sicherlich ein Schritt in die richtige Richtung.

Entwicklungstrends:

1. lebenslanges Lernen

Richtig erscheint diese Entwicklung aber auch mit Blick auf die Veränderungen der generellen Rahmenbedingungen, unter denen Lehren und Lernen an Hochschulen in Zukunft stattfinden werden. Hier ist mit tiefgreifenden Veränderungen zu rechnen, die eine deutlichere Flexibilisierung und Differenzierung sowie eine höhere Durchlässigkeit von Studienstrukturen erforderlich erscheinen lassen. Denn das Studium und die wissenschaftliche Weiterbildung werden in zunehmendem Maße zu unterschiedlichen Zeitpunkten oder -phasen sowie an unterschiedlichen (Lern-)Orten stattfinden, auch und nicht zuletzt im virtuellen Raum des Internet.

2. neue Anbieter

Bildung und Ausbildung unterliegen damit einer Entinstitutionalisierung, die letztlich in der Vielfalt von Lehr- und Lernorten und der erforderlichen Mobilität begründet ist; sie werden aber auch in zunehmendem Maße in einem wettbewerblichen Rahmen erfolgen, in dem neben Hochschulen auch private Anbieter und ausländische Einrichtungen tendenziell dazu beitragen, (national-)staatliche Bildungsmonopole aufzubrechen. Darüber hinaus legen die Anforderungen an lebenslanges Lernen eine bewusstere Gestaltung von Schnittstellen zwischen Lern- und Ausbildungsorten einerseits und beruflichem Einsatzort andererseits nahe, wobei die Aufgabe darin besteht, möglichst reibungslose und anschlussfähige Ein- und Ausstiegsmöglichkeiten zu schaffen.

3. Modularisierung

Orts- und zeitabhängige Formen des Lehren und Lernens werden somit mittelfristig ebenso an Bedeutung verlieren wie die bislang gültige Vorstellung von Bildung und Ausbildung als geschlossene, zusammenhängende Lernphasen. Anstelle von Studien- und Ausbildungs*gängen,* die auf längere Zeiträume angelegt sind, wird eine stärkere Modularisierung von Bildungs- und Ausbildungseinheiten in den Vordergrund rücken müssen, und gestufte Abschlüsse nach dem Bachelor's- und Master's-Modell erscheinen als ein richtiger Weg in Richtung Modularisierung.

Damit ist aber zugleich gesagt, worum es bei den neuen, gestuften Abschlüssen eben *nicht* gehen kann, nämlich um die Einführung von bloßen »Abbrecherzertifikaten« oder erweiterten Vordiplomen. Erforderlich sind vielmehr curricular unterfütterte Studienangebote mit eigenständigen Zielen und Profilen sowie mit einer ausgeprägten Anschlussfähigkeit an nachfolgende Ausbildungsphasen oder -module.

keine Abbrecherzertifikate

Akkreditierung als Instrument der Qualitätssicherung

Richtig ist aber auch die Entscheidung, die neuen Abschlüsse aus dem bisherigen System der staatlich administrierten und bundesweit über Rahmenstudien- und -prüfungsordnung normierten Qualitätssicherung herauszulösen und die Angebotsentwicklung wie auch die Qualitätssicherung für diese Angebote in die Hand der Hochschulen selbst zu legen: Gestufte Abschlüsse sollen *akkreditiert* und damit einer neuen Form der Qualitätssicherung unterzogen werden.

Rahmenprüfungsordnung ade!

Das bedeutet Folgendes: Die grundsätzliche Entscheidung über die Entwicklung von Studienangeboten – etwa in Form von Bachelor's- und/oder Master's-Studien, aber auch einzelner Ausbildungsmodule – liegt bei jeder Hochschule selbst. Im Idealfall sind entsprechende Entscheidungen das Ergebnis eines strategischen Planungsprozesses auf Hochschul- und/oder Fachbereichsebene, wodurch eine weitge-

Sicherung von Mindeststandards

hende Konsistenz zwischen der übergeordneten Ziel- und Profilbildung hergestellt werden kann. Gegenüber diesen Angeboten fungiert Akkreditierung als Element der (externen) Qualitätssicherung; sie ist als kritisches Korrektiv für autonome Entscheidungen auf der Hochschulseite zu verstehen, das auf die Einhaltung von standortübergreifenden Qualitätsmindeststandards sowie auf die Transparenz und Vergleichbarkeit von Studienangeboten abzielt.

wissenschaftsgeleitetes Verfahren

Akkreditierung erfolgt dabei – im Sinne eines wissenschaftsgeleiteten Verfahrens – grundsätzlich im Rahmen von *Peer Reviews* unter Einschluss von Vertretern des Arbeitsmarktes, evtl. auch des Staates. Akkreditierung ist also keine Aufgabe von »Technokraten«, sondern Ergebnis einer von Fachvertretern vorgenommenen Evaluation. Akkreditierung ist damit zugleich Ausdruck einer Anerkennung von Qualifizierungsangeboten über den jeweiligen spezifischen Hochschulkontext hinaus. In diesem Sinne erfahren akkreditierte Studienangebote zugleich eine Legitimation durch die jeweilige *scientific community.* Diese Legitimation ist das Resultat einer erfolgreichen Qualitätsprüfung, die auf einer Kombination von Ex-ante- und Ex-post-Evaluierung beruht: ex-ante insofern, als auf der Grundlage vorgelegter Dokumente die künftige Einhaltung definierter Qualitätsziele und festgelegter Qualitätsstandards glaubhaft gemacht wird; ex-post insofern, als bereits erzielte »Erfolge« mit in die Betrachtung einbezogen werden. Vor diesem Hintergrund ergibt sich die Notwendigkeit, dass Akkreditierung in bestimmten Zeitabständen (alle fünf bis zehn Jahre) wiederholt werden muss – dass also die einmal aufgrund einer erfolgreichen Qualitätsevaluation ausgesprochene Legitimation bestätigt werden muss, bei negativen Befunden aber auch wieder entzogen werden kann.

Nun liegt es auf der Hand, dass die Mindeststandards, die einer Akkreditierung zugrunde liegen, nur anhand sehr globaler Zielsetzungen und Kriterien im Sinne von Benchmarks definiert werden dürfen, damit nicht wieder eine Detailsteuerung auf der Ebene der Lehr- und Lerninhalte einzelner Lehrveranstaltungen entsteht. Zu warnen ist daher vor einer allzu kleinteiligen Festlegung der Akkreditierungskriterien zugunsten allgemeiner Orientierungsmarken. Welche Kriterien kommen dafür in Frage?

Kriterien:

Zum einen das Kriterium der Glaubwürdigkeit und Nützlichkeit: Studienangebote müssen in ihrer Zielsetzung und in ihren Inhalten glaubhaft und nützlich sein, und zwar für Studierende wie auch für den Arbeitsmarkt und potentielle Arbeitgeber. Zum anderen müssen sie Qualifikationen vermitteln, die nachhaltig und zwischen Institutionen und – im Rahmen des lebenslangen Lernens – verschiedenen Bildungskontexten transferierbar sind; dazu müssen sie einheitliche Mindeststandards hinsichtlich ihrer Qualität erfüllen, allerdings ohne in der konkreten Qualitätsausprägung Beschränkungen »nach oben« zu unterliegen. Und schließlich müssen sie in übergreifende Bildungs- und Ausbildungsstrukturen integrierbar sein. Diese *Benchmarks* sind als grobe Orientierungsmarken ausreichend; sie können dann in verschiedene Ausprägungen heruntergebrochen und für die Durchführung von Akkreditierungsverfahren weiter operationalisiert werden.

1. Glaubwürdigkeit und Nützlichkeit

2. Transferierbarkeit und Nachhaltigkeit

3. Integrationsfähigkeit

Benchmarks für gestufte Abschlüsse und ihre Akkreditierung

Folgende Kriterien und ihre konkreten Ausprägungen können als Mindeststandards für gestufte Abschlüsse und ihre Akkreditierung angesehen werden:

Kriterium	*Ausprägungen*
Glaubwürdigkeit:	– *Ziele und zu erreichendes Qualifikationsprofil sind klar formuliert.* – *Relevanz des Angebots für definierte Zielgruppen.* – *Inhalte und Profil der Qualifikation werden von relevanten »Abnehmern« (Arbeitsmarkt) anerkannt und unterstützt.* – *Kontinuierliche Anpassungen von Qualifizierungsprofilen und -zielen an veränderte Umweltbedingungen (z. B. Arbeitsmarkt, Nachfragerverhalten).*
Transferierbarkeit und Nachhaltigkeit:	– *Qualifikationen bzw. Qualifizierungsangebote stehen in einer logischen und erkennbaren Beziehung zu anderen Qualifikationen bzw. Qualifizierungsangeboten (Vernetzung).* – *Qualifikationen bzw. Qualifizierungsangebote sind mit* Credit Points *verbunden, auf die andere Qualifikationen bzw. Qualifizierungsangebote aufbauen.*

- *Die Relevanz erworbener bzw. vermittelter Kenntnisse und Fähigkeiten bleibt über einen längeren Zeitraum erhalten.*

Integration:

- *Erworbene bzw. vermittelte Kenntnisse und Fähigkeiten stehen in einem weiteren Zusammenhang mit einem spezifischen Ausbildungsprofil.*
- *Qualifikationen bzw. Qualifizierungsangebote ermöglichen eine valide Leistungsbemessung.*
- *Qualifizierungsbausteine beziehen sich auf relevante Bedürfnisse seitens der Studierenden wie auch des Arbeitsmarktes.*
- *Qualifizierungsbausteine lassen eine logische und offensichtliche interne Vernetzung erkennen.*
- *Die Durchlässigkeit zwischen einzelnen Qualifizierungsbausteinen ist gewährleistet und für potentielle Nachfrager transparent.*

Quelle: New Zealand Ministry of Education, A Future Qualifications Policy for New Zealand: A Plan for the National Qualifications Framework, Green Paper, Juni 1997 (http://www.minedu.govt.nz/NQF/).

Qualitätssicherung und Legitimation

Damit erscheint Akkreditierung als ein Verfahren der nichtstaatlichen Qualitätssicherung sowie der zeitlich begrenzten Legitimation von Entscheidungen der Angebotsentwicklung als Pendant zu einer weitreichenden Autonomie und Selbststeuerung von Hochschulen. Und letztlich heißt das: Akkreditierung ist nichts anderes als das Symptom für einen Paradigmenwechsel im deutschen System der Hochschulsteuerung, insofern als die institutionelle Selbststeuerung an die Stelle staatlicher Regulierungen, Verordnungen und Erlasse tritt.

hochschul- und wissenschaftsnah

Daher kann Akkreditierung auch kein von staatlicher Seite aus administriertes Verfahren sein. Sie muss vielmehr in der Verantwortung der Hochschulen selbst liegen. Sie muss als hochschulnahes, wissenschaftsgeleitetes Verfahren konzipiert und implementiert werden, wozu regionale, fächer- oder hochschulspezifische Akkreditierungsverbunde gegründet werden müssen. Oder aber man sucht sich die Qualitätsmesslatte bei schon bestehenden und anerkannten internationalen Agenturen. Einige Hochschulen tun dies bereits – und letztlich ist das wohl auch die zukunftsweisende Richtung.

Damit bricht Akkreditierung mit dem Dogma, alle Hochschulen seien gleich oder müssten es sein. Stattdessen betont sie Differenzierung und Wettbewerb – und setzt dabei auf Qualität. Denn an die Stelle von Rahmenstudienordnungen treten Mindeststandards für die Qualität der Lehre. Rahmenstudienordnungen setzen verbindliche Obergrenzen für die institutionelle Bewegungsfreiheit. Sie normieren Individualitäten und nivellieren Profilerhebungen. Mindeststandards dagegen müssen zwar eingehalten werden – dadurch garantieren sie Qualität. Nach oben sind sie aber offen. Und damit erlauben sie, besser und anders zu sein als die anderen, und dies auch offen zu sagen – ein Novum in der deutschen Hochschullandschaft.

Vorteile für alle

Und wer profitiert von einem derartigen Verfahren? Eigentlich alle: die Hochschulen, da sie mehr Freiheiten erhalten, attraktive Studienangebote zu entwickeln, und dabei nicht mehr den Umweg über die Ministerien gehen müssen; die Studenten, da sie – wie bisher – von einem bestimmten Maß an Qualität ausgehen, darüber hinaus aber eine größere Vielfalt an Angeboten erwarten können; und schließlich die Ministerien selbst, die sich nicht mehr um jede Einzelheit einer Studienordnung kümmern müssen, sondern wieder die Zeit für ihr eigentliches Geschäft zur Verfügung haben: für die Definition und Umsetzung der politischen Ziele und Rahmenbedingungen des Bildungssystems.

neues Verhältnis Staat-Hochschule

Akkreditierung führt also zu einem neuen Verhältnis zwischen dem Staat und seinen Hochschulen. Akkreditierung ist ein Element eines neuen Steuerungssystems, in dem sogenannte »Pufferinstitutionen« (*buffer institutions*) wesentliche Angelegenheiten der Hochschulsteuerung treuhänderisch für den Staat wahrnehmen. Dies sind Steuerungsinstanzen, die auf einer Ebene zwischen Staat und Hochschulen angesiedelt sind und die auf der Grundlage einer klaren Trennung politischer Verantwortlichkeiten von Angelegenheiten der eigenverantwortlichen strategischen Hochschulführung operieren.

autonome Hochschule

Dies hat aber auch zur Folge, dass Akkreditierung – sofern sie kein Fremdkörper im deutschen Hochschulsystem bleiben soll, der früher oder später wieder abgestoßen wird – auch in anderen Bereichen Veränderungen erforderlich macht, etwa bei der staatlichen Hochschulfinanzierung und bei den Leitungs- und Organisationsstrukturen an den Hochschulen selbst. Hier zeigt sich erneut die Notwendigkeit einer ganzheitlichen Sicht der Hochschulreform, die sich nicht auf Einzelmaßnahmen beschränken darf. Einige der »lateralen Bezüge« von Akkreditierung als Element eines neuen Steuerungsmodells sollen daher kurz skizziert werden.

Akkreditierung und Hochschulfinanzierung

Globalhaushalt: drei Komponenten

Im Zusammenhang mit einer Reform der staatlichen Hochschulfinanzierung wird derzeit insbesondere ein Drei-Komponenten-Modell diskutiert, in dessen Rahmen der Globalzuschuss an eine Hochschule auf einem Volumen-, einem Leistungs- und einem Innovationsteil ermittelt werden soll: Die volumenbezogene Finanzierung bedeutet eine staatliche Kostenerstattung für die übernommenen Aufgaben der Hochschulen. Sie ist i. d. R. über formelgebundene, indikatorbasierte Zuweisungen zu realisieren und bestimmt sich in erster Linie auf der Grundlage der Nachfrage nach Studienplätzen bzw. nach dem Umfang der Forschungsaktivitäten. Der Innovationsanteil hingegen erfordert diskretionäre (einzelfallbezogene, ermessensbestimmte) Zuweisungen, da gezielte Innovationsanreize über rückwärtsgewandte Indikatormessungen nur schwer zu vermitteln sind. Der Leistungsanteil bezieht sich auf hochschulpolitische Ziele, die als solche auch politisch entschieden und verantwortet werden müssen. Auch dieser Anteil sollte über formelgebundene, indikatorbasierte Zuweisungen realisiert werden.

Geht man von einem derartigen Finanzierungsmodell aus, so wäre es durchaus denkbar, für die staatliche Finanzierung von Studienplätzen im Rahmen des Volumenanteils eine Akkreditierung der jeweiligen Studienangebote vorauszusetzen. In die Berechnungen einbezogen würden demnach lediglich diejenigen Studienplätze, die in akkreditierten, d. h. mit dem »Qualitätssiegel« der Akkreditierung ausgestatteten Studienplätzen angesiedelt sind. Nicht-akkreditierte Studienangebote fänden bei der Berechnung des Volumenanteils demnach keine Berücksichtigung.

Akkreditierung als Voraussetzung für Finanzierung

Nun wird es an Hochschulen in Zukunft auch Studienangebote geben (müssen), die (noch) keine Akkreditierung erhalten haben. Dies ist z. B. der Fall bei neuen, innovativen Studienangeboten, die im Rahmen der strategischen Planung einer Hochschule und mit Blick auf die Profilbildung einer Hochschule entwickelt wurden, für die aber noch keine Akkreditierung vorgenommen wurde; aber auch bei Studienangeboten, die bereits ein Akkreditierungsverfahren durchlaufen haben, die jedoch nicht die zugrunde gelegten Qualitätsstandards erfüllen konnten und denen folglich eine Akkreditierung vorenthalten oder wieder entzogen wurde. Will die Hochschule dennoch an dem Studienangebot festhalten, so kann sie es im Rahmen eines Globalhaushaltes durch hochschulinterne Mittelumschichtungen subventionieren. Erkennbar wird in diesem Zusammenhang die zunehmend in den Vordergrund tretende Managementorientierung auf den verschiedenen Handlungsebenen einer Hochschule sowie die in dieser Hinsicht erforderlichen Veränderungen der gängigen Verfahren der Entscheidungsfindung und -durchsetzung.

strategische Planung

Leitungsstrukturen

Alternativ zu einer hochschulinternen Subventionierung könnte eine Finanzierung über den Innovationsanteil im Rahmen des hochschulbezogenen Globalbudgets erfolgen: In Form einer zeitlich beschränkten »Anschub-« oder »Übergangsfinanzierung« könnten der Hochschule bis zum Zeitpunkt der erfolgten Akkreditierung des Studienangebots innovationsbezogene Sondermittel zugewiesen werden. Hierüber müsste zwischen Hochschule und dem zuständigen Ministerium verhandelt werden, wobei die Ergebnisse in Form von Ziel- und Leistungsvereinbarungen festgehalten werden. Auf diese Weise könnte nicht nur die Entwicklung innovativer Angebote gefördert werden – für die betreffende Hochschule läge in dieser Art der Finanzierung und ihrer Einbindung in Ziel- und Leistungsvereinbarungen auch ein Anreiz zur qualitätsorientierten Weiterentwicklung des Angebots mit Blick auf seine erfolgreiche Akkreditierung. In diesem Falle wäre zudem eine Honorierung dieser besonderen Anstrengung – und die Erlangung der Akkreditierung könnte als solche angesehen werden – im Rahmen des Leistungsanteils im Globalbudget denkbar.

Zielvereinbarungen

Diese kurzen Skizzen sollten eines deutlich machen: Akkreditierung ist mehr als ein Schlagwort, mehr als ein hochschulpolitischer Modetrend. Akkreditierung ist ein notwendiger Baustein in einem neuen Steuerungssystem, es ist die logische und damit unerlässliche Weiterentwicklung der Reformen, die bereits auf den Weg gebracht wurden. Daher erscheint es dringend erforderlich, die Chancen von Akkreditierung für eine Stärkung von Leistungsfähigkeit und Eigenverantwortlichkeit unserer Hochschulen zu ergreifen und sie aktiv weiterzuentwickeln – auch im Interesse einer Stärkung ihrer Internationalität.

ganzheitlicher Ansatz der Reform

Kapitel VIII

Die virtuelle Hochschule

Die virtuelle Hochschule

Wie Multi-Vitamin-Saft ist auch »Multimedia« derzeit in fast aller Munde – auch bei denen, die selbst noch nie im Internet surften, noch nie einen Teil ihres realen Lebens im virtuellen Raum des World Wide Web verbrachten, in einem Internet-Café über E-Mail mit dem anderen Ende der Welt kommunizierten oder den schier unendlichen Verästelungen eines Hypertextes folgten, um letztlich vom neuen existentialistischen Gefühl des *Lost in Cyberspace* übermannt zu werden. Darüber hinaus legt der rasante Kursanstieg von Internet- und Software-Aktien auf dem Neuen Markt die Vermutung nahe: Inzwischen ist fast jeder zum Mitglied der virtuellen Gemeinschaft der Teilhaber von bits und bytes geworden. Und dennoch: Dass der Wechsel von der Realität zur Virtualität weitaus komplexer ist und verworreneren Pfaden folgt, als es die Eingabe eines URL suggeriert – dies wird vom hohen Ton des Cyber-Talk nicht selten überspielt.

www.universitas.de

Wandel tut Not

Weitaus nüchterner erscheint die Lage auch im Hochschulbereich. Hier treten die Grenzen des Mach- und Finanzierbaren, des Plan- und Realisierbaren deutlicher als anderswo zutage. Trotzdem ist sicher: Entwicklung und Einsatz neuer Medien in der Hochschullehre werden zu einschneidenden Veränderungen führen.

keine menschenleere Hochschule

Nichts wäre einfacher, als an diesem Punkt mit vielen anderen in das Hohelied der Medienentwicklung einzustimmen, zur Hymne des lebenslangen Lernens anzuheben und aus voller Brust das neue Hosianna des Internet ertönen zu lassen. Nichts wäre einfacher als die »Morgenröte« der Medienentwicklung heraufzubeschwören – wäre da nicht die Kehrseite des Virtuellen, nämlich die Realität, die harte (vielleicht auch hohe) Schule der Hochschulentwicklung, die gerade in ihrer Verbindung zur Medienentwicklung weit mehr Fragen aufwirft, als andere bereits heute zu beantworten wagen.

Einige der Problemzusammenhänge, Entwicklungstendenzen und Implikationen der Medien- und Hochschulentwicklung sollen im Folgenden aufgezeigt werden. Abschließende Antworten sind derzeit und in diesem *work in (infinite) progress* nicht zu erwarten.

Ungleichzeitigkeit des Gleichzeitigen oder: Bestandssicherung vor Wandel

Staatliche Regulierung

Der tertiäre Bildungsbereich ist – nicht nur in Deutschland – in hohem Maße staatlich reguliert. Dies ist zum einen auf die Bedeutung von Bildung als ein gesellschaftlich nützliches Gut zurückzuführen, zum anderen aber auch auf die Einbindung tertiärer Bildungsinstitutionen in den Bereich des öffentlichen

Dienstes und die dort üblichen Modalitäten der staatlichen Steuerung. In ihrer gegenwärtigen Form dienen diese tendenziell eher der Absicherung des Bestehenden als der Förderung von Wandel, der ex-ante angelegten staatlichen Vor-Programmierung von Strukturen und Prozessen und damit zumindest de facto der Aufrechterhaltung des Status quo. Institutionelle wie individuelle Risikobereitschaft und die Fähigkeit, Herausforderungen in proaktiver Weise anzunehmen und zu bewältigen, werden dagegen nur unzureichend gefördert: Der ordnungsgemäße Rechtsvollzug und die Vermeidung von Fehlern stehen noch immer und noch immer allzu oft im Vordergrund.

Medienentwicklung und Hochschulentwicklung

Damit wird deutlich: Hochschulentwicklung – gerade im Zusammenhang mit neuen Medien – findet in einem schwierigem Umfeld statt, und die Geschwindigkeit, mit der sie sich vollzieht, kann bei weitem nicht mit der rasanten Entwicklung im Medienbereich mithalten. Aus dieser *Ungleichzeitigkeit des Gleichzeitigen* erwachsen besondere Schwierigkeiten für die Hochschulen. Denn es liegt die Vermutung nahe, dass wir letztlich nicht umhinkommen, unter der Prämisse einer zunehmenden Digitalisierung und Virtualisierung der Wissensgenerierung und Wissensvermittlung auch die Hochschulentwicklung völlig neu zu denken.

Neues Denken

Dieses »neue Denken« erwächst jedoch nicht aus einem Hang zur Großspurigkeit, sondern ist vielmehr der Ausdruck von Bescheidenheit: Denn wohin die Entwicklung der Hochschulen letztlich gehen wird und wie ihre künftige Gestalt und Struktur aussehen wird, ist derzeit ebenso wenig in allen Einzelheiten vorherzusagen, wie die Frage zu entscheiden ist, ob die Hochschulen in der Form, wie wir sie kennen, auch weiterhin Bestand haben werden. Auch die »virtuelle Hochschule« wird wohl nicht menschenleer sein, wie ja auch das Büro 2000 nicht papierlos geworden ist. Dennoch wird sie sich von den bestehenden Hochschulen in möglicher Weise grundlegender Art unterscheiden.

Zwang zum Wandel

Nur eines scheint also zum jetzigen Zeitpunkt festzustehen: der wohl unausweichliche Zwang zum Wandel, der eine fortlaufende Veränderung von Arbeitsformen und institutionellen Strukturen erfordert. Sie müssen an neue Handlungserfordernisse angepasst werden, wenn die Hochschulen ihre zentralen Aufgaben in der Wissensgesellschaft angemessen wahrnehmen sollen.

»In 30 Jahren von heute an gerechnet werden die großen Campus-Universitäten Relikte sein. Sie werden als physisch erlebbare Institutionen, zu denen die Studenten kommen, um ihren Wissens- und Erfahrungshorizont zu erweitern, nicht überleben. Ihre Gebäude sind für diese Aufgabe nicht nur häufig ungeeignet, sie werden in Zukunft auch gar nicht mehr benötigt. Die Zukunft der Universitäten liegt außerhalb des Campus, sie liegt außerhalb klassischer Hörsäle und Seminarräume.«

Quelle: Peter Drucker, 1997

Wandel gestalten

Wie aber ist dieser Wandel zu gestalten? Wohl kaum mit den überkommenen Instrumenten und Rezepten aus der Vergangenheit. Denn in einer Situation, in der sich die weitere Entwicklung kaum mit einiger Sicherheit und in einer längerfristigen Perspektive abschätzen lässt, also angesichts der tiefgreifenden Unsicherheit hinsichtlich der weiteren Entwicklung, ist es nicht möglich, ein Bild von der Zukunft und die darauf bezogenen Handlungserfordernisse lediglich aus der Gegenwart heraus zu *extrapolieren*. Vielmehr gilt es, diese aus erkennbaren Trends zu *interpolieren* und Handlungserfordernisse sowie Handlungsoptionen aus möglichen Szenarien und Zukunftsvisionen heraus zu entwickeln.

Schöne neue Welt

Virtualisierung

Ungeachtet der notwendigen Bescheidenheit, welche die Unvorhersehbarkeit von Entwicklungen und Ergebnissen im Medienbereich nahe legt, kann doch mit einiger Sicherheit die Prognose gewagt werden: Lehr- und Lernprozesse werden künftig in größerem Maße in einem virtuellen Rahmen stattfinden und darüber hinaus auch in ein globales Netz von Bildungsangeboten eingebunden sein. Davon wird sowohl das traditionelle Studium *an* einer Hochschule (*on campus*) betroffen sein, wobei hier die Optimierung bestehender Programmangebote und -strukturen bzw. deren Ergänzung und Erweiterung durch neue Studienelemente im Vordergrund stehen, als auch diejenigen Formen der Wissensvermittlung und des Wissenserwerbs, die dem traditionell als »Fernstudium« bezeichneten Bereich zugerechnet werden können.

lebenslanges Lernen

Sicherlich wird diese Unterscheidung zwischen mediengestützten »Präsenzangeboten« einerseits und virtuellem »Fernstudium« andererseits und mit ihr zugleich die bisherige Unterscheidung von Lern- bzw. Studieninteressen (grundständiges Studium, berufliche Weiterbildung) und ihre Zuordnung zu unterschiedlichen Institutionen in dem Maße an Relevanz einbüßen, wie grundständige Ausbildungsphasen und berufliche Fort- und Weiterbildung im Paradigma des lebenslangen Lernens miteinander verschmelzen. Dennoch ist sie nach wie vor von einiger Bedeutung insofern, als sich hieraus weitreichende strategische Optionen für einzelne Hochschulen und für deren Profil- und Schwerpunktentwicklung ergeben können.

Zugangsmöglichkeiten

Denn es ist ja keinesfalls so, dass alles, was multimedial aufbereitet und technologiegestützt vermittelt wird, zugleich dem Bereich des lebenslangen Lernens und des Fernstudiums zuzuordnen wäre. Der Einsatz von Medien im Hochschulbereich ist ja nicht gleichbedeutend mit einem Übergang zu virtuellen Hochschulen mit Angeboten, die für jedermann zu jeder Zeit und an jedem Ort in gleichem Maße zugänglich sind. Denn die prinzipielle Schranken- und Grenzenlosigkeit von neuen Medien und virtuellen Angeboten kann durch restriktive Handhabung von Zugangsberechtigungen sehr wohl und sehr deutlich wieder eingeschränkt werden – nicht nur aus kommerziellen Gründen, sondern auch aufgrund von strategischen Prioritätensetzungen einzelner Anbieter, deren erfolgreiche Positionierung im Wettbewerb auch und in starkem Maße von der Entwicklung eines deutlichen Profils und damit von der klaren Abgrenzung von Zielgruppen für ihre Angebote abhängig ist.

neue soziale Frage?

Mediengestützte Bildungs- und Qualifizierungsangebote sind somit keineswegs a priori von ubiquitärem Charakter. Daher ist die Frage der Gestaltung von Zugangsberechtigungen und -möglichkeiten eine Frage von eminent politischer Bedeutung – vielleicht ist sie gar eine der neuen »sozialen Fragen« in der künftigen Wissens- und Informationsgesellschaft, in der ja gerade der Zugang zu Wissen als einer der entscheidenden Erfolgsfaktoren gehandelt wird. In jedem Fall aber macht dieser Aspekt bereits deutlich, in welch weitreichendem Maße die Prozesse der Wissensvermittlung und des Wissenserwerbs Veränderungen unterworfen sein werden.

Wissensvermittlung und Wissenserwerb: Entwicklungen und Veränderungen

Integration

Deutlich erkennbar sind bereits heute die folgenden Trends: Die fortschreitende Integration von Information, Kommunikation und Computertechnologie ermöglicht eine enge Kombination von Ton, Bild und Film mit entsprechenden Zugriffsmöglichkeiten in synchronen wie asynchronen Kommunikationskontexten. Von besonderer Bedeutung ist dabei das Internet, dessen Möglichkeiten andere Formen der wissenschaftlichen Kommunikation, aber auch andere technologiebasierte Lehr- und Lernformen (wie z. B. die Übertragung per Satellit) zurückdrängen werden – dies nicht aus Gründen der Praktikabilität, sondern auch aus Wirtschaftlichkeitsgründen.

Entmediatisierung und Diffusion

Der Prozess der Wissensvermittlung wird darüber hinaus von einer zunehmenden Entmediatisierung und Diffusion gekennzeichnet sein. Damit ist Folgendes gemeint: An die Stelle der bekannten Vermittlungsinstitutionen und der durch diese autorisierten, strukturierten Vermittlungsprozesse treten direkte Zugriffs- und Zugangsmöglichkeiten. Die Weitergabe von Wissen erfolgt somit zunehmend unter Umgehung derjenigen Institutionen, deren traditionelle Rolle auch zu einem wesentlichen Teil in der Vermittlung von Wissen bestand. Dieser Prozess der Entmediatisierung wird begleitet durch eine zunehmende Diffusion von Wissen, die sich beschleunigt und institutionelle, geographische, politische oder sonstige Grenzen überwindet. Auch dies führt zu einer Ablösung traditioneller »Bildungsmonopole« durch ein zunehmend vernetztes, in Netzwerken eingebundenes und dort vermitteltes bzw. abrufbares Wissen.

Disaggregierung und Differenzierung

Wissen selbst unterliegt einer fortschreitenden Disaggregierung und Differenzierung. Informationen und Wissensbestände können in beliebiger Weise aufgebrochen, neu kombiniert, auf individuelle Bedürfnisse zugeschnitten und für unterschiedliche Zwecke verwendet werden. Bei großer Reichweite von Angeboten und breiten Zugangsmöglichkeiten besteht damit zugleich die Möglichkeit individueller, maßgeschneiderter Adaption und Kombination verschiedener Wissensmodule (*mass-customization*).

Lernerzentrierung

Im Ergebnis werden damit mediengestützte Lernprozesse in Zukunft sehr viel stärker lernerzentriert sein, als dies derzeit der Fall ist. In der Tendenz führt dies zu einer Ablösung des am industriellen, tayloristischen Paradigma orientierten lehrerzentrierten Unterrichtsmodells (»einer für viele, hier und jetzt«) zugunsten eines Wissenserwerbs in verteilten Systemen, wobei der Lernende selbst die Inhalte und die Geschwindigkeit des Lernens bestimmt (*self-paced learning*).

Ergebnisorientierung

Im Gegenzug wird der Wissenserwerb sehr viel unabhängiger von seinen »Produktionsbedingungen«. In den Vordergrund rückt das Ergebnis eines Lernprozesses, hinter dem die Frage seiner organisatorischen Anbindung an Institutionen zurücktritt. Entscheidend ist dann in erster Linie, »was hinten rauskommt«, also das Qualifikationsprofil oder die *Outcomes*, die nicht mehr mit den herkömmlichen Instrumenten der Leistungsmessung überprüft werden können. Lernerzentrierung und die Orientierung an Qualifikationsprofilen (*Outcomes*) erfordert somit neue Formen und Instanzen zur Validierung von Lernanstrengungen, wie sie andererseits auch neue Verfahren der Autorisierung bzw. Akkreditierung von Inhalten und Angeboten notwendig machen.

Konsequenzen für die virtuelle Hochschule

Ohne handlungs- und entscheidungsfähige Hochschulen, die zur Prioritäten- und Posterioritätensetzung in der Lage sind, wird die Medienentwicklung an Hochschulen auf halbem Wege stecken bleiben. Denn die zukünftige technische Entwicklung und die entstehenden Handlungsspielräume können nur von schnell und wirkungsvoll agierenden Organisationen genutzt und selbst beeinflusst werden. Nur eine wirklich autonome Hochschule, die sich selbst im Hinblick auf ihre Willensbildungsprozesse optimal organisiert hat, wird diese Herausforderungen bewältigen können. Die anstehenden Veränderungen beziehen sich auf das gesamte Aufgabenspektrum von Hochschulen, gelten also nicht nur für den Bereich der Lehre, der im Zusammenhang mit Aspekten der Virtualisierung im Vordergrund steht, sondern auch für die Forschung, einschließlich der Nachwuchsqualifizierung. Darüber hinaus sind tiefgreifende Rückwirkungen auf die »Verwaltung« von Hochschulen zu erwarten, die vor dem Hintergrund der rapide und grundsätzlich sich verändernden Aufgabenstellungen und Steuerungsherausforderungen ein neues Aufgabenverständnis entwickeln muss: Vom Bürokratiemodell zum Wissenschaftsmanagement heißt die Zielrichtung. Das schließt eine Kompetenzstärkung von Hochschulen in Fragen der Strategieentwicklung und strategischen Planung mit ein – und das hat nur wenig mit den Umtrieben in alten Planungsabteilungen der Hochschulen gemein.

Veränderungen

Denn eine »virtuelle Hochschule«, welche die Arbeitsformen der klassischen Präsenzhochschule mit einer breiten Palette netzbasierter Lehrangebote und Lernformen verbindet, muss ihre Entwicklung auf der Grundlage eigener Prioritäten- und Posterioritätensetzungen weitgehend selbst bestimmen können. Dies erfordert die Fähigkeit zur eigenverantwortlichen Entwicklung und Erprobung neuer Organisations- und Arbeitsformen sowie von Verfahren zur Entscheidung über einen effektiven und effizienten Ressourceneinsatz in Übereinstimmung mit strategischen Prioritätensetzungen.

Strategieoptionen

on-campus

Mit Blick auf die strategische Positionierung und Prioritätensetzung der Hochschulen sind verschiedene Optionen denkbar. Beispielsweise kann eine Hochschule den Schwerpunkt ihrer Medienaktivitäten auf die Schaffung eines »virtuellen Campus« im Rahmen einer Virtualisierung von »On-campus«-Angeboten konzentrieren. Neue Medien und Technologien werden dann als Ergänzung und Optimierung – z. B. in qualitativer wie in wirtschaftlicher Hinsicht – bestehender oder neuer Angebote insbesondere auf der Ebene des grundständigen Studiums genutzt. Zielgruppe dieser Angebote sind Studierende der jeweiligen Hochschule bzw. der Verbundhochschulen, sollte die Angebotsentwicklung im Rahmen von Kooperationsstrukturen erfolgen. Unter Gesichtspunkten der Qualität und Effektivität, der Wirtschaftlichkeit und des angestrebten Hochschulprofils ist zu entscheiden, in welchen Feldern (Fachgebieten und/oder Qualifizierungsstufen) unter Nutzung welcher Medien und Organisationsformen ein Schwerpunkt der Multimedia-Aktivitäten der einzelnen Hochschule liegen soll.

off-campus

Eine andere Möglichkeit der Schwerpunktsetzung liegt in der Entwicklung virtueller Angebote und deren Öffnung für Interessenten (auch) außerhalb der jeweiligen Hochschule – *off campus*. Dies kann im Rahmen interuniversitärer Kooperationen erfolgen, ist aber nicht zwangsläufig daran gebunden. Derartige Angebote bewegen sich (auch) innerhalb des Paradigmas des lebenslangen Lernens, ohne zwangsläufig daran gebunden zu sein. Die Institutionen, an denen diese Angebote entwickelt und eingesetzt werden, vereinigen Merkmale von Fernuniversitäten und (traditionellen) Campus-Universitäten.

Nachwuchsqualifizierung

Die Virtualisierungsbemühungen einer Hochschule können sich aber auch auf den Bereich der post-gradualen Ausbildung, d. h. auf Entwicklung und Einsatz neuer Medien in der Nachwuchsqualifizierung konzentrieren. So können etwa virtuelle Graduiertenkollegs entstehen, wobei auch hier intrauniversitäre wie interuniversitäre Lösungswege offen stehen. Im Vordergrund einer derart fokussierten Strategie dürften Überlegungen der Profilbildung über Exzellenzförderung stehen, wohingegen – aufgrund der zwangsläufig begrenzteren quantitativen Dimensionen – wirtschaftliche Aspekte in den Hintergrund rücken.

Einbindung in institutionelle Gesamtstrategie

Selbstverständlich sind derartige Grundoptionen in der Strategie kombinierbar. Erkennbar werden muss allerdings für Studenten ein unverwechselbares Profil, das sie dazu ermuntert, sich an einer bestimmten Hochschule einzuschreiben. Das aber erfordert, dass Entscheidungen über die Entwicklung und den Einsatz mediengestützter Lehrangebote in eine institutionelle Gesamtstrategie zur Organisationsentwicklung eingebettet sind. »Lokale« Lösungen auf Lehrstuhlebene bleiben – ungeachtet ihrer jeweiligen Qualität – aus strategischen, aber auch technischen Gründen (Kompatibilität, Vernetzungsfähigkeit etc.) unzureichend, Letzteres insbesondere auch mit Blick auf die Notwendigkeit einer erforderlichen Anschlussfähigkeit von Virtualisierungsansätzen an die gesamtuniversitäre Infrastruktur bzw. die dort zu entwickelnden *Support*-Strukturen. Angesichts der starken Lehrstuhlfokussierung deutscher Hochschulen könnten hier durchaus Wettbewerbsnachteile gegenüber ausländischen Anbietern entstehen, die mit einer Hochschulgesamtstrategie auf dem Internet-Markt auftreten.

virtuelle Bibliothek; Infrastruktur und support

Zu einer »virtuellen Hochschule« gehören aber auch optimale Zugriffsmöglichkeiten auf »virtuelle« Bibliotheken, Datenbanken, Archive, technologiegestützte Formen der Einschreibung, des *course managements*, der Prüfungsverwaltung und deren Integration in ein ganzheitliches System hochentwickelter technischer Infrastruktur. Solange diese Seite – im »virtuellen« Sinne – unterentwickelt bleibt, bewegen sich Ansätze zur Hochschulentwicklung durch neue Medien allein auf der Ebene der Studien*inhalte*. Dies reicht allerdings nicht aus. Denn die Veränderungen, die mit dem Einsatz neuer Medien im Bereich der Wissensvermittlung und des Wissenserwerbs einhergehen – orts- und zeitunabhängiges Lernen, Studentenzentrierung, *Customization, self-paced learning* etc. – erfordern auch Veränderungen in den organisatorischen und infrastrukturellen Voraussetzungen, unter denen diese neuen Formen des Lernens stattfinden sollen.

Strukturelle und organisatorische Veränderungen an Hochschulen

Kooperation

Dies aber bedeutet: Der Einsatz neuer Medien ist auch mit erheblichen organisatorischen, strukturellen, ja kulturellen Veränderungen im Vermittlungsprozess bzw. im »Produktionsprozess« von Lehrinhalten verbunden. So erfordert z. B. die Entwicklung von Angeboten eine Zusammenführung von Spezialkenntnissen aus der jeweiligen Disziplin, den Bereichen Didaktik/Pädagogik/*instructional design* sowie dem Bereich der technischen Realisierung von Medienangeboten. In diesem Zusammenhang stellen sich u. a. die Fragen, wie solche Entwicklungsleistungen einzelnen Personen zugerechnet werden können und welche Auswirkungen dies auf deren individuelle Lehrverpflichtung, aber auch für das gesamte System der »Lehrordnung« hat.

Betreuung und Leistungsverrechnung

Während die Entwicklung von Angeboten zweifellos sehr zeit- und arbeitsintensiv ist, kann sich der Aufwand für die tatsächliche Durchführung virtueller Lehrangebote durchaus reduzieren, was allerdings nicht zwingend ist. In jedem Fall verändern sich Formen der Betreuung, der Wissensüberprüfung und die Kommunikation zwischen Lehrenden und Lernern. Auch hier stellt sich die Frage nach der angemessenen Leistungsverrechnung im Rahmen individueller Lehrdeputate, Präsenzzeiten, Sprechstunden etc.

Lehr- und Dienstleistungsverflechtung

Virtuelle Studienangebote sind tendenziell kooperativ und interdisziplinär ausgerichtet und zudem modular einsetzbar und zu nutzen. Daraus resultiert ein bislang noch unbekanntes Problem bei der inneruniversitären Lehr- und Dienstleistungsverflechtung. Die Kapazitätsverordnung mit den ausgehandelten Dienstleistungsverflechtungen kann hier jedenfalls nicht mehr weiterhelfen.

Prüfungen

Veränderungen sind aber auch in der Organisation, den Formen und den Inhalten von Prüfungen zu erwarten, und zwar unabhängig davon, ob sie studienbegleitend abgelegt oder am Ende eines Qualifizierungsabschnittes abgenommen werden. Das macht die Entwicklung neuer Abstimmungs- und Autorisierungsverfahren nötig, die auch wiederum Verrechnungsfragen für die Leistungen der Prüfer und Prüflinge umfassen.

Berufsbild »Hochschullehrer«

Entwicklung und Einsatz mediengestützter Lehrangebote verändern den Aufgabenzuschnitt und das Berufsbild von Hochschullehrern. Lehrverpflichtungen, Forschungs- und Entwicklungsaufgaben greifen ineinander, verändern ihren Charakter und werden durch neue Aufgaben ergänzt (z. B. Betreuung virtueller Tutorien). Diese Veränderungen müssen u. a. bei Berufungsentscheidungen, Beförderungen, bei der inhaltlichen und zeitlichen Gestaltung von Arbeitsverträgen, bei Entscheidungen im Rahmen der leistungs-/ergebnisorientierten Mittelvergabe etc. berücksichtigt werden. Erforderlich ist die Entwicklung adäquater Indikatoren sowie Anreiz- und Belohnungsstrukturen, die den neuen Anforderungen entsprechen. Wichtig sind aber auch gezielte Qualifizierungsmaßnahmen und eine kontinuierliche Weiterbildung der »lehrenden« Wissenschaftler, weil *learning by doing* nicht länger ausreicht, um eine optimale Nutzung des Potentials der neuen Medien zu erzielen. Auch in diesem Sinne wird ein kontinuierlicher *support* der Lehrenden durch die Hochschule erforderlich.

Diese Aufzählung ist keineswegs erschöpfend. Allein, sie macht deutlich, zu welchen Veränderungen in den traditionellen Strukturen und Organisationsformen an Hochschulen ein verstärkter Medieneinsatz führen wird. Derzeit sind diese Aspekte noch weitgehend aus der Diskussion und der Förderung von Medienprojekten ausgeblendet. Für die erfolgreiche und vor allem nachhaltige Medienentwicklung an Hochschulen sind sie jedoch von nicht zu unterschätzender Bedeutung.

Konsequenzen für die Rolle des Staates

Infrastrukturentwicklung

Grundlegend umdenken muss auch die staatliche Seite. Eine wesentliche Aufgabe auf staatlicher Seite liegt in der Entwicklung einer zukunftsfähigen Infrastruktur für die Wissenschaft und damit auch für mediengestütztes Lehren und Lernen. So wichtig dabei *technische* Aspekte dieser Infrastruktur auch sein mögen, sich allein hierauf zu konzentrieren wäre angesichts der rapiden Veränderungen gerade in diesem Bereich fatal. Es geht daher nicht in erster Linie um Beschaffungspläne, Rechnerausstattungen und Netzkapazitäten, sondern auch und vor allem um finanzielle, soziale und organisatorische Aspekte, um Fragen der Mittelallokation, der Entwicklung von Investitionsstrategien und der Definition von Standards auf den verschiedensten Gebieten.

Gewährleistungsfunktion

Vor diesem Hintergrund stellen sich mit Blick auf die Entwicklung des Hochschulbereichs und die Instrumente seiner Steuerung für die staatliche Seite eine Reihe schwieriger Aufgaben: Neuartige Planungsprozesse müssen entwickelt werden, die letztlich der dynamischen Veränderung im Medienbereich und den dort anzutreffenden Produktentwicklungs- und Produktlebenszyklen entsprechen; die Entwicklung einer angemessenen Infrastruktur an den Hochschulen muss gefördert werden, um optimale Zugangsmöglichkeiten zu virtuellen Bildungsangeboten zu schaffen und damit auch größtmögliche Chancengleichheit zu sichern (Gewährleistungsfunktion). Vor dem Hintergrund einer weiter voranzutreibenden Deregulierung und Wettbewerbsorientierung im Hochschulbereich sind neue Formen der staatlichen Qualitätssicherung und Angebotszertifizierung (Akkreditierung) zu entwickeln. Standards (technische Standards, Sicherheits- und Qualitätsstandards etc.) zur

Akkreditierung

Förderung von Kompatibilität, Durchlässigkeit und Anschlussfähigkeit von Angeboten und Netzen müssen definiert werden. Die Transparenz von Studienangeboten und -bedingungen als Voraussetzung für »intelligente« Entscheidungen der Nutzer ebenso wie der Anbieter in einem unübersichtlichen Markt muss erhöht werden. Neue Formen der (staatlichen und privaten) Hochschulfinanzierung, insbesondere unter Berücksichtigung von Qualitätsaspekten sowie von Wettbewerbs- und Mobilitätsfaktoren sind erforderlich. Investitionsstrategien müssen entwickelt und gefördert werden, und zwar auch unter Berücksichtigung von Wirtschaftlichkeitsaspekten der Medienentwicklung und des Medieneinsatzes (*economies of scale*) sowie mit Blick auf die Nutzung von Synergiepotentialen im Rahmen von Kooperationen, Konsortien, *Private Public Partnerships* etc.

Mischfinanzierung

Sicherlich ist auch diese Liste nicht vollständig. Dennoch macht sie eines deutlich: Der Staat muss sich in viel stärkerem Maße, als dies derzeit der Fall ist, auf die Gestaltung des regulatorischen Kontextes konzentrieren und sich folglich aus der noch immer allzu häufig praktizierten Detail- und Prozesssteuerung zurückziehen. Die Stichworte in diesem Zusammenhang lauten: Organisations-, Personal- und Finanzautonomie für die Hochschulen, die ihrerseits allerdings vor der Herausforderung stehen, ihre Autonomie »mit Leben« zu füllen und zur eigenen, stärker wettbewerbsorientierten Positionierung und Profilbildung zu nutzen.

Virtualisierung und Hochschulfinanzierung

Die »Virtualisierung« wirft aber auch die Fragen der Hochschulfinanzierung bzw. Mittelverteilung mit neuer Intensität auf. Mit Blick auf die Einnahmenseite von Hochschulen sind drei Entwicklungen von ausschlaggebender Bedeutung: *zum einen* die Globalisierung von Hochschulbudgets im Rahmen der staatlichen Mittelzuweisung. Sie ist eine wesentliche Voraussetzung für die effektive und nachhaltige Förderung der Medienentwicklung an Hochschulen. Unter den Bedingungen der Haushaltsglobalisierung besteht nicht nur die Möglichkeit, die global zugewiesenen Mittel entsprechend der strategischen Prioritätensetzung einzusetzen. Auch die Berechnung des Globalzuschusses erlaubt, etwa im Rahmen der innovationsbezogenen Komponente eines Globalhaushaltes, die erforderlichen Anreize für eine institutionell getragene und in der strategischen Planung verankerte Medienentwicklung zu setzen. Weder die Kameralistik noch das Jährlichkeitsprinzip eröffnen diejenigen Spielräume, die für die Nachhaltigkeit von Initiativen und ihre institutionelle Verankerung unbedingt erforderlich sind.

Haushalts-globalisierung

Über eine Globalisierung von Hochschulhaushalten hinaus wird es *zum anderen* auch zu einer stärker nachfrageorientierten Hochschulfinanzierung und damit zu einer Differenzierung der öffentlichen Mittelzuflüsse kommen müssen. Hierunter fällt insbesondere auch die Frage einer (Teil-) Finanzierung von Hochschulen nach dem Prinzip »Geld folgt Studierenden«, das in der Lage ist, virtuelle wie reale Grenzüberschreitungen und damit Mobilitätsentwicklungen in finanzieller Hinsicht zu berücksichtigen. Gerade im Falle einer Öffnung von Studienangeboten für Studierende *off campus* – als Voraussetzung für lebenslanges Lernen – gewinnt dieses Finanzierungsprinzip an Bedeutung. Der partielle Übergang von einer institutionen- bzw. objektbezogenen Finanzierung zu einer nachfrageorientierten Finan-

nachfrage-orientierte Hochschul-finanzierung

»Geld folgt Studierenden«

zierung im Rahmen von Voucher-Systemen ist damit unausweichlich.

Diversifizierung der Einnahmen

Und *schließlich* gewinnt neben der Differenzierung der Mittelzuflüsse im Rahmen der öffentlichen Hochschulfinanzierung die Diversifizierung der Einnahmen von Hochschulen an Bedeutung. Dabei geht es nicht nur um die Frage einer privaten Beteiligung an den Kosten einer Ausbildung, sondern auch um mögliche Einnahmen von Hochschulen als Ergebnis eher erwerbswirtschaftlich orientierter Aktivitäten. Hierunter sind unterschiedlichste Formen des *Brokerage*, der Nutzung von Verwertungsrechten, des Engagements im Rahmen unternehmerischer Partnerschaften und strategischer Allianzen zu fassen. Noch ist allerdings eine offene Frage, ob bzw. inwiefern Hochschulen aufgrund ihrer Aufgabenstellung und ihrer spezifischen Arbeitsweise in der Lage sind, z. B. Bildungssoftware mit Gewinnerzielungsabsicht erfolgreich zu entwickeln, zu vermarkten und zu vertreiben.

Mittelallokation

Mit Blick auf die *Ausgabenseite* von Hochschulbudgets ist die Korrelation zwischen strategischer Planung und Mittelallokation im Rahmen eines Globalhaushalts von entscheidender Bedeutung: Je nach Prioritätensetzung werden Hochschulen zukünftig entweder in Gebäude oder aber in Kabel investieren. Zudem wird es erforderlich sein, Verfahren der Mittelallokation zu entwickeln, welche die Förderung von Medienentwicklungen auf Fachbereichs-/Fakultätsebene nicht nur stimulieren, sondern auch in der Lage sind, Initiativen durch entsprechende Mittelzuweisungen zu honorieren und ihre Institutionalisierung und Verstetigung zu fördern.

Darüber hinaus ist – gerade unter Wirtschaftlichkeitsgesichtspunkten – die Anbindung von Investitionsentscheidungen an strategische Zielsetzungen von einiger Bedeutung. Denn es scheint, dass sich nachhaltige, auch unter Struktur- und Wirtschaftlichkeitsaspekten sinnvolle Entwicklungs- und Substitutionsprozesse nur unter dieser Voraussetzung erzielen lassen. Mit zusätzlichen, von außen kommenden, ad hoc zugewiesenen und nicht an institutionelle strategische Zielsetzungen gebundenen Finanzmitteln lassen sich diese Effekte kaum erzielen. Der Aufbau von Parallelstrukturen mit prekärer, da zeitlich befristeter Finanzierungsbasis ist vielmehr das Ergebnis.

Investitionen und Strategieentwicklung

Erfolgt die Förderung der Medienentwicklung unter institutioneller Prioritätensetzung und im Rahmen hochschulinterner Verfahren der Mittelallokation, so können hierdurch nicht nur Ergebnisorientierung und -bewertung entsprechender Initiativen gefördert werden; es ist auch zu erwarten, dass Wirtschaftlichkeitsaspekte der Medienentwicklung und des Medieneinsatzes an Bedeutung gewinnen und bei entsprechenden Entscheidungen eine stärkere Berücksichtigung als bislang erfahren. Von Interesse sind in diesem Zusammenhang durch Medieneinsatz erzielbare *economies of scale*, Substitutionsentscheidungen (CD-ROM statt Hörsaalbau) oder *make or buy*-Entscheidungen, die tendenziell zu einer Entkopplung von Entwicklungs- und Vorhaltekosten (Personal, Gebäude etc.) einerseits und Programmadministration andererseits führen können.

Wirtschaftlichkeitsaspekte

Vitalisierung durch Virtualisierung?

Dies sind nun in der Tat grundlegende, aber keineswegs unrealistische und erst in weiter Zukunft zu erwartende Veränderungen. Und wenn Hochschulen virtueller werden sollen, dann ist in der realen Welt noch immer viel zu tun. Dabei ist aber eines sicher: Der Einsatz und die Entwicklung von neuen Medien in den verschiedensten Formen und Anwendungsgebieten werden in Zukunft das Ergebnis bewusster und eigenverantwortlich gefällter Entscheidungen der Hochschulen selbst sein müssen. Damit aber gilt: Erst nach der Entfesselung von bürokratischen Ketten ebenso wie von habituellen Denkblockaden wird der Weg frei sein für auf wissenschaftlichem Feld international wettbewerbsfähige Hochschulen, die ihr Geld für die Gesellschaft Wert sind. Dann wird auch Virtualisierung tatsächlich zu einer Vitalisierung unserer Hochschulen führen können.

Publikationen des CHE Centrum für Hochschulentwicklung

Personalreform für die Wissenschaft: Dienstrecht – Vergütungsstrukturen – Qualifizierungswege, herausgegeben von Detlef Müller-Böling und Krista Sager, Gütersloh 1999.

Hochschulen und Zielvereinbarungen – Neue Perspektiven der Autonomie: vertrauen – verhandeln – vereinbaren, herausgegeben von Jutta Fedrowitz, Erhard Krasny und Frank Ziegele, Gütersloh 1999.

What Kind of University? International Perspectives on Knowledge, Participation and Governance, herausgegeben von John Brennan, Jutta Fedrowitz, Mary Huber, Tarla Shah, London 1998.

Leitungsstrukturen für autonome Hochschulen, herausgegeben von Detlef Müller-Böling und Jutta Fedrowitz, Gütersloh 1998.

University in Transition – Research Mission, Interdisciplinarity, Governance, herausgegeben von Evelies Mayer, Detlef Müller-Böling, Anne MacLachlan und Jutta Fedrowitz, Gütersloh 1998.

Strategieentwicklung an Hochschulen. Konzepte – Prozesse – Akteure, herausgegeben von Detlef Müller-Böling, Klaus Neuvians, Sigrund Nickel, Peter Wismann und Lothar Zechlin, Gütersloh 1998.

Symposium: Staatliche Finanzierung der Hochschulen – Neue Modelle und Erfahrungen aus dem In- und Ausland am 29./30. April 1997, herausgegeben von CHE Centrum für Hochschulentwicklung und HIS Hochschul-Informations-System, HIS-Kurzinformation A 10/97 (2 Bde.).

Hochschulentwicklung durch neue Medien. Erfahrungen, Projekte, Perspektiven, herausgegeben von Ingrid Hamm und Detlef Müller-Böling, Gütersloh 1997.

Hochschulzugang in Deutschland – Status quo und Perspektiven, herausgegeben von Hans Joachim Meyer und Detlef Müller-Böling, Güterloh 1996.

Qualitätssicherung in Hochschulen. Forschung – Lehre – Management, herausgegeben von Detlef Müller-Böling, Gütersloh 1995.

Hochschulpolitik im internationalen Vergleich: eine länderübergreifende Untersuchung, von Leo Goedegebuure, Frans Kaiser, Peter Maassen, Lynn Meek, Frans van Vught, Egbert de Weert, unter Mitarbeit von Stefan Empter, herausgegeben von der Bertelsmann Stiftung, Gütersloh 1993.